KB265614

도전에서
소명으로

도전에서 소명으로

최성 고양시장 대담집

시대정신과 소명은 어떻게 만나는가

다산지식하우스

좋은 실패는 있다

삶을 관통하는 단 하나의 키워드는 무엇입니까?

저는 이러한 질문을 받고 잠깐의 머뭇거림도 없이 '도전'이라고 대답했습니다. 대답을 마친 뒤 생각해보니, 말을 조금 보태서 '무한 도전'이라고 말하는 편이 더 정확했을 듯합니다.

도전의 연속인 인생을 통해 하나 깨달은 것이 있다면, '승리는 앞길을 열어주지만 패배는 더 큰 도약의 장을 마련해준다'는 것입니다. 이 깨달음을 책에 담고 싶었습니다.

선거가 숙명인 정치인으로서 저의 가장 큰 도전은 더불어민주당 19대 대통령 선거 경선이었습니다. 책은 여기서부터 시작됩니다.

태어나 처음으로 '꼴찌'가 되어 전 국민 앞에 섰습니다. 청와대와 국회, 지방정부를 두루 거친 경험과 그동안 쌓아온 철학과 비전조차도 절박한 상황을 반전시키기엔 무용한 것처럼 여겨졌습니다. 그래도 저는 완주했습니다. 서울에서의 마지막 경선이 끝날 때까지 전국 각지의 국민들과 당원들이 보내준 응원 덕분이었습니다. 꼴찌에게 보내주신 신뢰와 애정은 지금까지 그랬듯이 앞으로도 두려움 없이 무한도전을 펼칠 힘이 될 것입니다.

경선이라는 이 마라톤의 결승선에서 저는 그 어느 때보다 과분한 평가를 받았습니다. 천장을 치는 당장의 지지율보다 어떤 평가를 받았느냐가 중요하다는 김대중 대통령의 말씀처럼, 경선 도전과 완주는 제게 이루 말할 수 없는 선물을 건네주었습니다.

참담한 패배였지만 동시에 아름다운 도전이었기에 저는 곧바로 문재인정부를 위한 정책제언에 집중할 수 있었습니다. 그간의 국정 경험과 고양시에서 이미 검증된 사례를 기반으로 제언을 준비하다 보니 고양시정 8년을 점검하고 시의 비전을 튼튼히 다지는 계기로도 삼을 수 있었습니다.

혁신인사, 적폐청산, 자치분권, 한반도 평화정착 등과 관련된 문재인정부의 국정운영을 하나하나 살펴보며 현 정부의 개혁성과 추진력, 치밀함과 단호함에 놀랐습니다. 물론 우려되는 부분이나 보완해야 할 부분도 꼽아보았습니다.

'후보' 문재인과 '대통령' 문재인을 조명해보았던 시간들도 뜻

깊었습니다. 저의 멘토였던 김대중, 노무현 두 대통령과 세심히 비교해보는 시간도 가졌습니다. 후보 문재인에게 느꼈던 의문은 충분한 이해로 바뀌었고, 대통령 문재인은 제게 존경할 만한 정치인으로 새로이 자리매김했습니다. 무엇보다 국민들과의 약속을 가장 중요하게 생각하는 그분의 모습이 인상적이었습니다. 대담 중 대통령과의 흥미로운 에피소드도 여럿 소개했는데, 지금 다시 떠올려보아도 입가에 미소가 번지는 대목들입니다.

경선에서 함께 경쟁했던 후보로서 저의 다음 행보는 문재인정부가 성공할 수 있도록 적극적으로 돕는 일이어야 할 것입니다. 주요 정책으로 한반도 평화정착, 연방제 수준의 자치분권 개헌을 꼽을 수 있습니다. 또한 이명박·박근혜 정권의 적폐청산과 일촉즉발의 한반도 안보 위기, 시대정신인 자치분권을 완수하는 과정에서 저는 새로운 도전을 찾고 역사적 소명을 발견하게 될 것이라 믿고 있습니다.

'좋은 실패는 있다'는 것을 깨닫게 해준 수많은 분들께도 말로 다 못 할 감사를 드립니다. 한국 정치의 새로운 미래를 꿈꾸며 선뜻 대담집을 기획하고 출간하는 데 많은 도움을 준 김선식 다산북스 대표와 관계자분들께도 고맙다는 말씀을 드리고 싶습니다.

마지막으로 저의 최고의 사랑이자 동지인 아내와 잘 자라준 민(民)과 미래(未來), 마음을 위로하는 것은 오직 마음뿐이라는 것을 가르쳐준 청각장애인 누나, 홀로 계시는 어머님과 가족에게 고마운

마음을 전합니다. 부족한 막둥이 아들을 하늘에서 지켜보고 계실 영
원한 저의 멘토, 아버님과 저의 정치적 스승이신 김대중, 노무현 두
대통령께 이 책을 바칩니다.

2018년 1월
미래의 평화통일특별시 고양에서
최 성

· · ·

'최성'이라는 정치인을 떠올리면 가장 먼저 생각나는 장면은 시민
들과 환하게 웃는 모습입니다. 그는 누구보다 시민들을 사랑하고 존경합
니다. 그래서 그의 사진에는 시민들과 어울리고 함께 웃는 모습이 유독
많습니다. 그는 고양시를 시민들이 세상에서 가장 살기 좋은 행복한 도
시로 만들기 위해 불철주야 노력해왔고 그 도전은 계속되고 있습니다.

운동을 참 좋아하는 평범한 아이였던 그는 고등학생이 되어
5·18 광주민주화운동을 직접 목도했습니다. 그 충격과 진실을 향한
그의 양심은 반독재투쟁과 민주주의, 인권, 한반도 평화를 치열하게
고민하는 청년으로 성장했습니다.

진보적 학술운동가로서 김대중 대통령과 운명적으로 만나면서

그의 도전은 본격적으로 시작되었습니다. 청와대 행정관, 국회의원, 재선 시장, 대선 출마 그리고 8승 2패의 선거 전적 등으로 간추려 설명된 기록 너머에는 시대정신과 민심, 역사적 환경이 불러온 도전에 응전하려는 한 인간의 깊은 고뇌와 몸부림이 담겨 있습니다.

고3 수험생이었던 1983년부터 2018년 오늘에 이르기까지, 그는 35년 동안 쉬지 않고 걸었습니다. 아니, 쉬지 않고 뛰었습니다. 어떤 목표를 앞둔 상황에서 유난히 발걸음이 빨라지는 그의 습관과 성향도 도전에 최선을 다하려는 그의 진정성과 소명의식 때문일 것입니다.

김대중, 노무현, 문재인 대통령을 비롯한 대한민국의 역대 지도자들을 직접 인터뷰하고 가까이에서 지켜봐온 출판기획자로서 그리고 한 명의 국민으로서 제가 마주했던 그는 시대정신을 철칙으로 삼는 사람입니다. 그는 사람과 시민을 받들기 위해 한없이 자신을 낮추는 사람입니다. 이러한 소명을 마음에 품고 끊임없이 도전할 그의 인생에 건투와 영광이 함께하기를 진심으로 바라는 모든 사람들에게 이 책이 작은 이정표가 되었으면 합니다.

2018년 1월
대담자 ㈜다산북스 대표
김선식

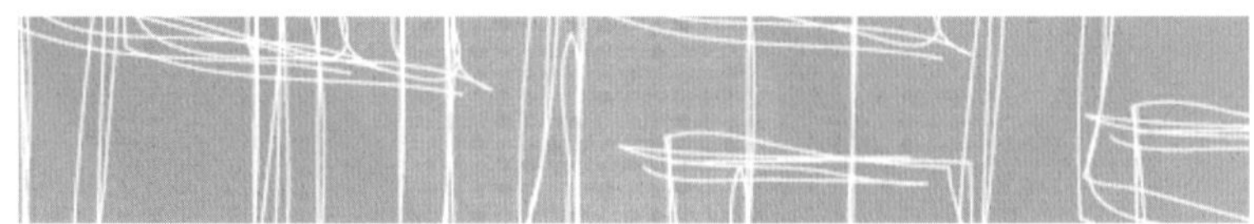

2 문재인과 문재인정부를 말하다

문재인을 말하다

문재인정부의 국정운영을 논하다

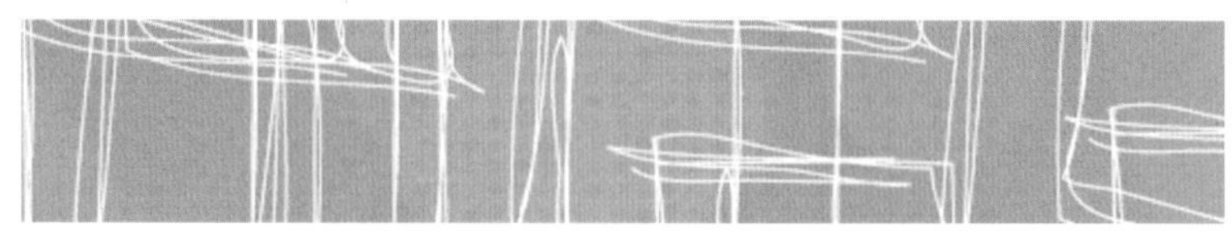

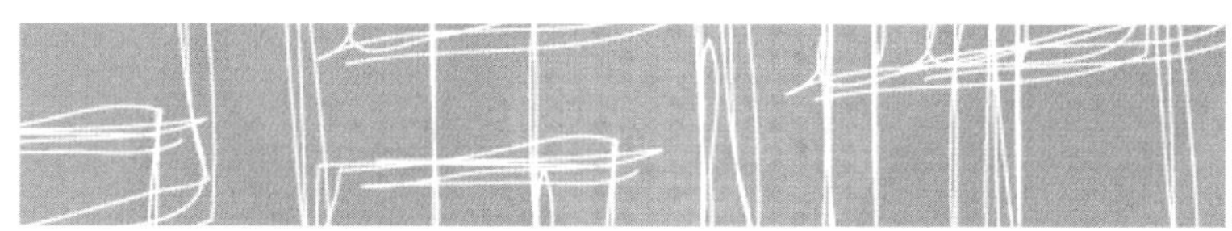

5 새로운 도전을 앞두고

행보(行步)

1

처절하게
지고
아름답게
이기다

최성은
왜 대권에
도전했는가

:: 고민의 시작

김선식　단도직입적으로 묻겠습니다. 19대 대통령 선거 더불어민주당(이하 민주당) 경선에 출마하셨습니다. 왜 나가셨습니까?

최 성　대선 출마를 선언했을 때부터 지금까지 참 많이 들었던 질문인데요. 박근혜 전 대통령 탄핵과 조기 대선이라는 이례적 상황이 있었지만, 사실 오래전부터 19대 대통령 선거에 나서겠다는 마음을 먹고 있었어요.

　그러던 중 박근혜·최순실 씨의 국정농단으로 촛불시민혁명이 일어났고 결단의 시기를 조금 앞당기게 되었어요. 매주 촛불집회에 참여하며 지자체장임에도 불구하고 시민과 함께 무엇이라도 하고자 몸부림을 쳤어요. 국회에서 연설을 하고 탄핵 촉구 결의안을 발표하기도 했지만 그보다도 정치인 신분을 감추고 광화문 시민발언대에 올랐을 때와 국회의사당역에서 시민들과 철야농성을 벌였던 시간이 제겐 더 소중했어요. 새 정부와 나라다운 나라에 대한 국민의 갈망을 온몸으로 느낀 것이지요. 이 과정에서 여의도 정치권이 보인 무책임하고 부도덕한 모습에 분노했고, 동시에 새로운 지도자의 출현을 고대하는 우리 국민들의 절실함도 보았고요.

그런 일련의 시기를 통과하면서, 유모차를 탄 아이부터 걷기도 힘든 어르신들, 고3 수험생들까지 떨쳐 일어난 이 상황에서 나는 어떤 행동을 해야되는가, 과연 촛불민심과 시대정신을 받드는 길이 무엇인가, 하는 질문을 자신에게 수없이 던졌어요. 제 대답은 같았고, 어렵게 결심하게 됐어요. 절실함으로, 정권 교체와 정의로운 대한민국을 위해 제가 가진 모든 역량을 바치고 싶었습니다.

_____ 단순한 정치적 계산은 아니었다는 말씀이신데요. 그럼에도 내면적 고민과 갈등이 많으셨을 것 같아요.

_____ 맞아요. 전국적 인지도가 없는 상태에서 갑작스런 출마가 가

촛불혁명의 처음과 끝, 저는 한 주도 빠짐없이 광화문 광장에 나가 시민들과 함께 '박근혜 탄핵'을 소리 높여 외쳤고, 끊임없이 비상정국 대안을 제시했어요. 광화문 촛불집회에서 만난 문재인 후보가 "개근했다"며 농담을 하신 기억도 납니다.

져올 파장과 경선 승리 가능성 등 수없이 많은 고민을 했지요. 결론은 제가 살아온 삶과 정치적 경험, 또 그 과정에서 갈고 닦은 비전과 철학을 시대정신과 연결하여 온전히 전할 수 있다면 충분히 인정받을 수 있다는 것이었어요. 특히 민주당 경선은 국민참여경선 형태였잖아요. TV토론을 통해 저라는 사람이 가진 면모를 잘 전달하면 승산이 있으리라 생각했어요.

_____ 출마의 가장 큰 동기가 된 것은 무엇이었을까요?

_____ 누군가는 나서서 우리가 가야 할 길을 선명하게 보여줘야 한다는 것이지요. 리더십 공백, 북핵 위기, 경제 위기 속에서 대한민국은 보다 공정하고 정의로운 모습을 향해 과감한 발걸음을 떼야 한다고 생각했습니다. 경제발전을 위해 실체도 없는 '낙수효과'에 기대서도 안 되고, 국가의 개입을 줄이고 기업의 자유를 너무 많이 늘려버린 신자유주의 질서도 수정되어야 하는 것이지요. 콘크리트에 대한 투자를 줄이고 사람에 투자해야 우리에게도 미래가 있다고 생각했습니다. 즉, 복지와 교육에 대한 투자 확대, 소득주도 성장, 4차 산업혁명 주도 등 미래 가치와 비전을 놓고 민주당의 해법을 함께 찾고 싶었습니다.

한편으로 당내 경선은 적과의 싸움이 아닌 팀 안에서의 경쟁

 | 도전에서 소명으로 |

이잖아요, 선의의. 제가 품고 있는 비전과 정책, 위기 상황을 이겨낼 수 있는 해법을 국민들은 물론 다른 후보들에게 명확하게 제시하고 싶었고요. 팀 자체의 경쟁력도 높아질 것이라는 기대를 많이 했지요. 물론 다른 후보들과 충분히 경쟁해볼 만하다는 판단도 있었어요.

＿＿＿＿　'현존하는 대선 후보들로는 충분하지 않다'라는 말도 하셨지요. 무슨 의미입니까?

＿＿＿＿　아무래도 저는 오랫동안 김대중 전 대통령과 함께 일했기 때문에 대선 후보들을 김대중 대통령과 비교해서 볼 수밖에 없습니다. 그런데 경선 직전만 하더라도 후보 중 그 누구도 김대중 전 대통령만큼의 능력을 가지고 있지 않다고 판단했습니다.

만약 적임자가 있었다면 그분을 도왔을 텐데 사실 당시만 해도 그런 확신을 주신 분이 없었어요. 게다가 박근혜 전 대통령 탄핵 국면에서 여·야를 떠나 대선 후보군들이 정치공학적 계산을 하는 것처럼 보여 더욱 착잡한 마음이 들었습니다. 과연 그러한 자질로 우리 사회가 당면한 위기를 극복해낼 수 있을까 하는 의구심이 들었고요. 물론 본격적인 경선에 돌입한 후, 여러 대선 후보의 행보를 가까이 지켜보면서 우려의 마음이 어느 정도 해소되기는 했습니다.

_____ 대선 출마 선언을 한 날의 이야기도 빼놓을 수 없지요. 언제, 어디서, 어떤 메시지를 던지셨습니까?

_____ 잊지 못할 순간이었습니다. 2017년 1월 5일, 고양시청 시민 컨퍼런스 룸에서 개최된 신년 기자간담회에서였어요.

출마의 변으로 "첫째, 세월호 참사를 교훈삼고 촛불민심과 시대정신을 받들어 민주당을 중심으로 한 정권 교체와 국가대개조를 이루겠다. 둘째, 박근혜 · 최순실 국정농단 세력의 적폐정치를 청산하고, 청렴하고 공정한 사회를 구현하겠다. 셋째, 북핵 위기와 사드 위기의 DJ식 일괄타결을 통해 한반도의 평화경제를 일으켜 세우겠다. 넷째, 김대중 · 노무현 정신을 계승해서 혁신과 대통합을 일구겠다." 하고 밝혔어요.

강조하고 싶은 부분은 이 메시지가 오직 대선 출마라는 시기적 요인에 근거한 것이 아니었다는 점이에요. 경선 이전 제가 정치에 입문한 이후 문재인정부가 들어선 현재까지 20여 년간, 정치적인 외풍에 흔들리지 않고 이러한 의지를 끊임없이 실천하고자 노력하고 있다고 자신 있게 말씀드릴 수 있어요.

:: 마음을 얻어라

선거에 출마한 이후에는 국민들의 마음을 얻어야 합니다. 하지만 그 전에 출마를 결정하는 일에는 주변 사람들의 동의가 필요하지요. 출마에 대한 가족들의 반응이 궁금합니다.

아내는 그동안 제가 국회의원이나 시장직에 도전할 때 늘 제 결심을 말하기도 전에 눈치를 챘어요. 그런데 이번에는 전혀 예상을 하지 못했나봐요. 신혼 시절 좋은 조건의 독일 국비 유학을 포기하고 김대중 대통령께서 정계 은퇴시절 창립한 아태평화재단에 합류할 때, 아무 연고도 없는 고양시의 국회의원에 도전할 때, 재선 국회의원을 포기하고 고양시장 선거에 도전할 때에도 아내는 큰 반대 없이 묵묵히 따라주었지만 흔쾌히 동의했던 것은 아니었어요. 현실 정치의 어두운 면을 잘 알고 있었고, 학자의 길이 저에게 더 어울린다고 생각했지요. 또 정치인으로서의 저를 늘 안쓰럽게 생각했기 때문입니다.

지금도 제가 정치를 그만둔다고 하면 제 아내와 가족들이 가장 반길 것 같은데요. 그도 그럴 것이 저는 늘 공적으로 분주하게 지냈잖아요. 아무리 노력을 해도 남편으로서 아버지로서 가족들에게 부족한 점이 분명 있을 테지요. 하지만 고맙게도 가족들은 늘 제 결심

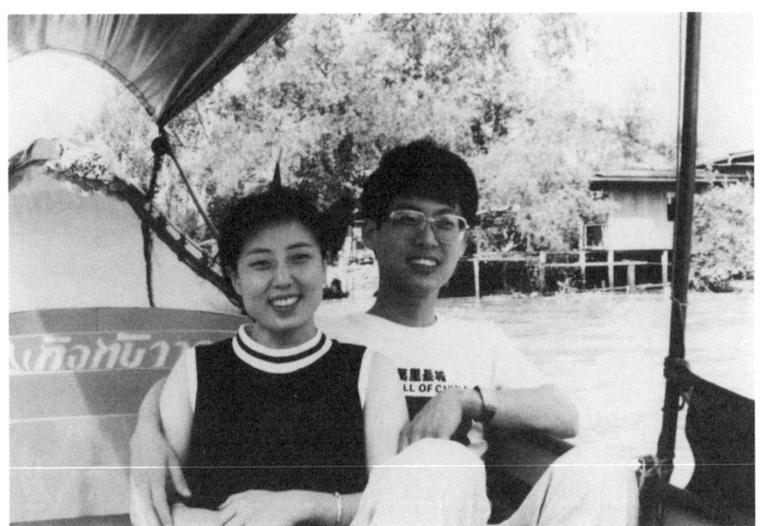

사춘기도 겪어본 적 없는 제가 첫사랑을 만나 결혼에 골인했습니다. 당시에는 몰랐지만 고맙고 미안한 날들의 시작이었습니다. 저를 제일 잘 아는 아내, 그래서 누구도 해줄 수 없는 조언을 전하는 아내, 저의 가장 든든한 동지입니다.

을 응원해주고 든든한 지원자가 되어주었어요.

18대 국회의원 선거에서 패배하고 백수로 지낼 때는 조금의 서운함도 내비치지 않고 오히려 자신이 가정의 재정 문제를 감당하려고 했으니까요. 장사를 한 번도 안 해본 사람이 냉면집을 하면서까지…… 서울에 있는 10평도 채 안 되는 작은 냉면집까지 매일 두 시간 가까이 출퇴근하면서 1년 남짓 고생을 했어요. 저는 출판기획사를 차려 운영하고 있었지만, 시간이 날 때에는 냉면집 홍보전단을 뿌리거나 설거지를 하며 아내를 도왔어요. 출판기획사도 냉면집도 금방 문을 닫고 말았어요. 청와대와 국회에서 바라보던 세상과 생계의 한가운데서 겪은 세상은 얼마나 다르던지…… 소중한 깨달음을 준 시간이었습니다.

이야기가 조금 샌 것 같은데요.(웃음) 그런데 이번에는 아내의 반응이 달랐어요.

아내는 보름 정도, 제 결심을 받아들이지 못했습니다. 큰 충격에 빠져 있더라고요. 결혼 생활 25년, 연애 시절까지 합치면 30년 동안 아내와 이렇게 긴 침묵이 이어진 것은 처음이었습니다. 안 되겠다 싶었어요. 결국 제가 눈물지으며 출마를 결심하게 된 이유와 제가 가진 철학, 앞으로의 계획을 이야기하니 반쯤 설득이 됐어요.

그날 아내가 제게 했던 말 중에 기억에 오래 남는 것이 있어요. 그동안 정치를 하면서 많은 분들께 도움을 받아왔는데 또 이런 큰 도전을 하면서 받을 도움들을 대체 어떻게 갚으려고 하느냐는 것이었어요.

그때 저는 그것이 어떤 의미인지 미처 알지 못했지요. 이후 경선 과정에서 많은 분들에게 이루 말할 수 없는 지지의 마음을 받았어요. 4억 원에 가까운 경선 비용을 모으는 과정에서도 물론 도움을 받았고요. 1억 원 정도 은행 대출을 받긴 했지만요. 그러고 나서야 알았지요. 아내가 경선 참여에 따르는 일들을 정확하게 예견하고 직언해주었다는 것을요. 물론 당시에는 서운한 마음도 있었지만……

덧붙여서 이야기하자면 아내가 이렇게 반문하기도 했어요. "아무리 국민참여경선이라 해도 이미 조직이 있는 유력 후보들을 상대로 과연 얼마나 승산이 있겠냐" 하고요. 저는 주저 없이 "100만이 넘는 일반 국민이 참여하는 경선이고, TV토론이 수차례 이어지면 얼마든지 돌풍을 일으킬 수 있다"라고 답했어요. 아내는 "그건 당신의 희망사항일 뿐"이라고 일축하더라고요. 각 후보들이 자신의 오랜 조직 기반을 토대로 모집한 선거인단이 몇 차례의 토론을 듣고 지지 후보를 바꾸겠느냐는 것이죠. 다 저의 환상이라는 아픈 지적이었어요.

돌이켜보면 아내다운 충고이자 조언이었어요. 고양시장 출마를 결심했을 때에도 대부분의 지인들은 강력한 지지의사를 피력했지만, 유독 아내만큼은 "낙선의 고통이 커서 국회의원 재도전을 포기하고 중간에 치러지는 시장 선거에 나가려고 하느냐" 하는 아픈 질문을 던지기도 했으니까요.

_____　　그래도 동의를 구하셨으니 경선 참여가 가능했겠지요. 끝내 아내분의 마음을 움직인 결정적인 한마디가 있었다면요?

_____　　이 선택이 순간의 감정에서 비롯된 무모한 것이 아니니 한 번 믿어달라고 했지요. 지금까지 중요한 순간마다 결심했던 도전이 의미없는 패배로 돌아왔던 적은 없지 않았느냐고. 매번 승리가 담보된 선택만을 할 수는 없는 것 아니냐고. 설령 패배한다 하더라도 촛불민심과 시대정신을 위해 멋진 승부를 벌일 자신이 있다고. 그리고, 당신이 나를 믿지 못하면 내가 누구를 의지하겠느냐고, 당신의 힘이 꼭 필요하다고.

_____　　아내분은 구체적이고 명확한 이유로 반대를 하셨습니다. 그리고 결국 그 예측과 같은 결과가 나왔어요.

_____　　아내는 정말 정치와는 무관한 사람이에요. 현실 정치에 그리 큰 관심을 두지 않고요. 다만 아내는 모든 일을 대할 때 공정하고 객관적으로 바라보고자 하는 성향이 있습니다. 오히려 제3자의 입장에서 바라보고 판단해서 그런지 대체로 정확히 맞히더라고요.

　　민주당 대선 경선도 결국 아내가 만류하며 한 말 그대로 되었지요. 아내는 이미 너무도 명백한 패배를 직시했지만 저의 무모한 결정을 돌이키기 힘들어 오랜 시간 불면의 밤을 보냈던 것 같습니다.

　　이전까지 저에게 가장 아픈 패배를 가져다준 것은 18대 총선입니다. 선거가 막바지에 이르렀을 때에는 거의 모든 지지자들이 승리를 예견하면서 무리해서 지역을 돌아다닐 필요가 없다는 이야기까지 꺼냈습니다.

　　그래서 참모들을 모두 불러 의견을 묻고 보다 심층적인 토론을 하기도 했어요. 저의 패배 가능성을 염두에 두거나 예측하는 사람은 없었습니다. 예외적으로 여론조사 결과는 박빙의 열세로 나왔는데, 저에 대한 숨어 있는 지지표가 드러나지 않았을 뿐이라고 과신을 했고요.

　　그러고는 집에 돌아왔는데 아내가 차가운 말투로 "여보, 낙관해서는 안 돼요. 다른 후보 진영에서도 자신들이 승리할 것으로 확신할 거예요. 내가 볼 때는 당신 주변의 사람들이 너무 이르게 샴페인을 터트리고 있는 것 같아요" 하고 말을 하더라고요.

　　그 순간 서운한 마음이 치밀어 올랐어요. 세상에서 가장 가까운 사람인 아내의 입에서 제가 질 수 있다는 이야기를 반복적으로 들어야 했으니까요.

　　결국 3,500표 차이로 패배를 맛봤지요. 저에겐 뜻밖이었으나 아내에게는 당연했던 패배였어요. 그때부터 항상 제 곁에서 쓴소리를 마다하지 않는 아내를 굳게 믿게 되었어요. 민주당 대선 경선까지 정확히 예견했고요. 제 인생에서 가장 큰 패배 두 번을 정확하게 예견했던 최고의 동지가 바로 제 아내입니다.

_____ 그렇다고 아내분께서 고언(苦言)만 하시는 것은 아니라고 알고 있습니다. 실질적인 지원을 많이 해주시지요?

_____ 그럼요. 선거 때마다 저보다 더 열심히, 소리 없이 뛰어주었어요. 특히 고양시장 재선을 앞두고 고양터미널에 화재 사고가 발생했어요. 바로 뒤를 이어 아버님께서 작고하셨지요. 그 기간에 저는 전혀 선거운동을 하지 못했습니다. 고맙게도 아내는 새벽부터 밤까지 저 대신 열심히 다녔어요. "제가 최성 안사람입니다." 외마디와 정중한 인사를 반복하며 명함을 나눠드리고, 혹여 시민들이 쓴소리를 하거나 민원을 제기하면 경청하고 사과를 드리면서요. 신기한 것은 그렇게 말수도 적으면서 시민들의 마음을 산다는 점이에요.(웃음)

_____ 이번 대선 경선도 함께해주셨나요?

_____ 제가 조직도 자금도 없이 열정 하나로 대선 경선에 임하다보니 특별히 저를 도와줄 분들이 많지 않았어요. 저의 대선 경선 참

5월 대선 기간 중 유세 활동을 위해 문재인 후보께서 고양시를 방문했어요. 선거법상 참여할 수 없었던 저를 대신해 아내가 참여했지요. 영상으로 지켜본 아내는 차분한 목소리로 "준비된 후보 문재인을 뽑아달라"고 또박또박 호소하더라고요. 아내가 더욱 든든하게 여겨지는 순간이었습니다. 그 이후 저보다 인기가 더 많아졌더라고요.

여를 독려했던 가까운 동지들조차 시간이 지나면서 멀어져 갔으니까요. 도와달라고 요청할 형편도 되지 않았고요. 믿지 않으시겠지만…… 그렇다 보니 아내가 항상 힘들어하는 저를 지켜봐주고 응원해주느라 고생을 많이 했지요. 옷도 골라주고 메이크업도 해주었고요. 그런데 사실 이렇게 언행으로 도와주는 것도 이루 다 말할 수 없이 고마웠지만, 아내라는 존재 자체가 매 순간 제게 든든한 동지가 되어준다는 점이 중요해요. 아내는 이런 제 마음을 잘 모를 겁니다. 왜 제가 중요한 행사마다 꼭 함께 가고 싶어하는지 말이에요.

참 묘한 일이지요. 견딜 수 없을 만큼 쓰라린 패배 결과를 접해도 "우리 저녁 뭐 먹을까요? 배고프지요?" 하는 아내의 말을 들으면 힘이 솟았어요. 저만 그런가요?(웃음)

:: 처음으로 꼴찌를 하다

_____ 그동안 삶의 이력을 보면 승승장구라는 말을 붙여야 할 것 같습니다. 그런데 이번에는 다소 무모한 도전을 하셨어요. 경선의 처음부터 끝까지 꼴찌를 하셨어요. 꼴찌가 되어 경선 무대에 섰을 때의 심정이 어떠하셨습니까?

제 인생에 이렇게 처참한 패배는 없었어요. 얼마나 아픈 기억이면 지지율이 0.3퍼센트였는지, 0.4퍼센트였는지도 확실히 생각나지 않겠어요. 만약 젊은 시절에 이런 패배감을 맛보았다면 충격이 좀 덜했을 거예요. 하지만 청와대와 국회의원을 거쳤고 나름 정치적 비전과 확신을 갖고 재선 고양시장을 하고 있는 상황에서 맞이한 것이잖아요. 제 나름으로는 믿었던 것들이 많았는데 지지율 1퍼센트가 안 되는 완벽한 꼴찌라니, 참담했지요.

하지만 처참한 지지율만 얻은 것으로 끝난 것은 아니었어요. 그랬다면 정말 패배한 도전이었을 거예요. 그런데 마지막 서울 경선이 끝날 때까지 전국 각지의 시민들과 당원들이 보내준 박수를 잊을 수가 없어요. TV토론 이후부터 쏟아진 많은 국민들의 응원과 언론 기사에 달린 격려의 댓글을 보면서도 큰 힘을 얻었어요. 정말 감사한 일이었습니다.

특별히 기억에 남는 댓글이 있다면요?

정치에 입문한 지 15년 가까이 되고, 수많은 선거를 치러왔습니다. 선거철에는 조직된 집단이 인터넷 댓글을 통해 여론을 조성하기도 하지요. 댓글에 과도한 비중을 두어서는 안 된다는 뜻이에요.

하지만 제가 첫 TV토론 이후 각종 포털에 실시간 종합 검색어 1위에 오르면서 함께 뜨는 댓글들은 최성이라는 사람의 이름도 성도 모르는 일반 시민들의 응원 댓글이라는 느낌을 강하게 받았어요. 후한 평가를 내려주시더라고요.

_____   이를테면 어떤 내용이었나요?

_____   제 입으로 직접 말하기 쑥스럽지만, 머리와 가슴에 새겨진 댓글 중에는 "지지율에 괘념치 마라. 누가 봐도 가장 훌륭한 후보다. 다만 정권 교체를 위해 타 후보를 찍어야 하는 안타까움이 있다. 다음에는 꼭 당신을 지지하겠다. 진심이다"라는 내용이 가장 많았던 것 같아요. "진짜 사이다", "진흙 속의 진주"와 같은 평가들은 과분했지만 큰 위로가 되었고요.

제게 감동을 선물해주시고, 새로운 시작을 준비할 용기를 주신 응원의 말씀들, 소위 '듣보잡 후보'에 무한한 신뢰를 보내준 마음들은 지금도 제 마음 깊은 곳에 남아 있어요.

얼마나 많은 사람들로부터 지지를 받았느냐도 중요하지만 어떤 사람들로부터 어떤 평가를 받았느냐가 더욱 중요하다고 김대중 대통령께서 누누이 제게 말씀해주셨어요. 이번에 저는 그 어느 때보다 과분한 평가를 받았어요. 그러니 저는 이게 의미 있는 패배였다고 말하고 싶습니다. 자랑스러운 꼴찌랄까요?

매번 토론이 있을 때마다 인터넷 포털 사이트에서 실시간 검색어 1위를 하셨어요. 이것은 어떤 목적을 가진 조작으로는 될 수 없는 것인데요. 어떠셨습니까?

믿기지가 않았어요. 국회에 있을 때 큰 이슈를 터뜨려도 그리고 고양시에서 괄목할 성과를 거두어도 실시간 검색어 하위에 잠깐 랭크된 게 다였는데 1위라니, 그것도 6차례 TV토론 내내 연속으로요. 많이 놀랐습니다. 이게 어떤 의미일까 거듭 생각했어요. 후보자로서의 자질과 경선에서의 역할, 정치적 잠재력에 대한 대중의 평가가 아니었을까요? 진정성과 정책대안 제시에 대한 부분도 그렇고요. 비록 지지율의 변화는 전혀 없었지만, 대선 후보로서 지도자의 자질에 대해 보다 균형적으로 바라보려고 하시는 분들께 긍정적인 평가를 받은 게 아닌가 하는 의미에서 여전히 기쁜 일이라고 생각합니다.

팟캐스트와 같은 1인 미디어 방송 시청자들에게도 큰 사랑을 받으셨어요. 어떠셨습니까?

17대 국회의원 시절 심야 TV토론에 자주 출연했을 때 그 방송에 대해 언급한 분들을 뵌 적이 거의 없었어요. 밤 열두 시가 넘어서 북핵 해법을 토론하는 방송은 제 가족들도 시청하지 않았으니까요.(웃음) 국회의원 시절 다양한 국회 청문회에서 아무리 좋은 평가를 받아도 마찬가지였고요. 그런데 민주당 경선 과정을 거치면서, 이름만 알고 있었던 '맘마이스', '새가 날아든다', '불금쇼' 같은 팟캐스트 프로그램은 전혀 다른 세계였어요. 한두 시간 이야기를 나누고 돌아오면 며칠 되지 않아 방송을 시청한 수많은 분들께서 인터넷으로 후기를 공유하시더라고요.

무엇보다 제가 지향했던 소통방법과도 잘 맞았기에 시청자분들과 더 많은 부분을 공감할 수 있었던 것 같아요. 특히 당시 대선 경선 후보로서 저의 활동들이 중앙언론과 방송에 전혀 다뤄지지 않았기 때문에 팟캐스트와 같은 1인 미디어의 효과는 참으로 크게 다가왔습니다.

동시에 깨어 있는 시민의 행동하는 양심과 가장 근접한 매체가 바로 1인 미디어라는 생각을 했어요. 이명박·박근혜 정권 동안 언론의 자유가 후퇴했을 때에도 홀로 고군분투했던 매체이자, 촛불시민혁명과 박근혜 탄핵, 문재인정부 출범의 1등 공신 중 하나라고 볼 수 있을 것 같아요. 김어준 총수, 주진우 기자, 정봉주 전 의원을 비롯한 소셜미디어 스타들이 탄생할 수 있었던 것도 같은 맥락이겠지요.

여러 차례 시청자들과 소통을 해오다 보니 한편으로는 직접 1인 방송을 해야겠다는 마음이 들었어요. 그래서 경선이 끝나고 어느 정도 재충전을 마친 뒤 사고(?)를 치게 되었지요. 페이스북 라이브를 통해 '최성의 일요일 밤 특종뉴스룸'을 시작했어요. 장비 조작부터 기획까지 직접 하는데, 초반에는 어려움이 있었지만 이제는 제법 능숙한 것 같아요.

이렇게 도전하고 나니 고정출연(?) 제의도 따라오더라고요. 민주종편TV의 '최성·최일구의 굿초이스', 시사타파TV의 '시사토크쇼'를 통해서도 시청자분들과 꾸준히 소통하고 있어요. 아직은 초반이라 방송이 널리 알려지지 않았지만, 방송에 참여하셔서 댓글로 함께 이야기를 나눠주시는 시청자 한 분 한 분이 모두 소중하고요. 이 자리를 빌려 감사하다는 말씀을 드리고 싶네요.(웃음)

그동안 청와대와 여의도 정치의 바윗돌 같은 격식과 관행 때문에 무거운 갑옷을 벗지 못했는데, 시민들과 쉽고 재미있게 대화를 나눌 수 있어서 좋았어요. 그런 점을 시민들께서 좋게 봐주신 것 같습니다.

그때
민주당 경선에서는

:: 준비된 후보

______ 거의 합숙에 가까울 정도로 세 명의 대선 후보와 함께하셨습니다. 가까이에서 바라본 그분들은 어떠셨을까요? 솔직한 이야기를 듣고 싶습니다.

______ 저는 평소에 사람을 꽤 잘 본다고 생각해왔는데 이번에는 제 예상이 많이 빗나갔습니다. 나머지 후보 세 분 다 이미 알던 분들이었으니 더 잘 예측할 수 있다고 생각했는데 아니었어요. 사실 지난 경선은 세 분께는 정치적인 전쟁이자 물러설 수 없는 한판승부였지

요. 사람의 본성은 위기의 순간에 나오는 법이잖아요. 반면 저는 나름대로 비장했지만 지지율이 낮아 오히려 그 상황을 객관적으로 볼 수 있었고요. 일단 세 분 다 의외의 부분이 있었어요.

_____ 문재인 후보부터 말씀해주신다면요?

_____ 저는 당시 문재인 후보에게 가장 높은 기대치를 갖고 있었어요. 대선에 두 차례 도전하시는 것이고 또한 상당히 다양한 싱크탱크를 가지고 계셨으니까요. 그래서인지 어떤 질문이 나오더라도 기본적으로 내실 있는 답변을 하셨습니다. 다만 제 기대치가 워낙 높았던 터라 아쉬운 점도 많았지요. 준비가 잘된 것에 비해 그것을 표현하는 요령과 정치적 감각이 조금 부족하지 않았나 싶었어요. 핵심 메시지가 잘 전달되지 않는 듯했거든요.

아마 당시의 문재인 후보는 민주당 경선에서 이변이 없으면 완승할 것이라 예상했을 거예요. 또 상대적으로 안희정, 이재명 두 후보가 상당히 공격적으로 나올 것으로 예상하면서 TV토론에 임한 것 같아요. 문재인 후보가 당시 지지율이 가장 높았으니까 집중적으로 공세를 받을 것은 다들 예측하고 있었지요. 그러다 보니 어떤 쟁점 현안이 발생하면 공격적으로 답변하고 토론을 전개하기보다는 상당히 안정적으로 조심스럽게 접근한 것이지요. 원래 1위 후보의 당연

　　　　　　　　　　　| 도전에서 소명으로 |

한 선거전략 아닌가요?

지금 생각해보면 "우리는 한 팀입니다. 네거티브 없이 서로 윈윈 하는 정책토론을 합시다"라는 문재인 후보의 전략은 단순한 정치 공학에서 나온 것은 아니었다는 것입니다. 문재인 대통령이 갖고 있는 특유의 부드러운 품성, 그 자체였던 것이지요. 취임 이후 적폐청산과 여러 개혁을 추진해나가시는 걸 보면서 "가장 잘 준비된 후보"라는 말이 단순한 선거 구호가 아니었음을 알게 되었어요.

_____ 본인 역시 '준비된 후보'를 슬로건으로 내세우셨습니다. 무엇을 준비하셨습니까?

_____ 사실 김대중 대통령의 대표적 선거 슬로건이었던 '준비된 후보, 든든한 후보'에 착안한 것인데요. 김대중정부 청와대 행정관과 노무현정부 17대 국회의원으로 일했고, 현재는 대도시 시장협의회장을 맡고 있는 풍부한 국정 경험이 있는 '준비된 후보'라는 점을 줄곧 강조해왔어요. 특히 청와대 재직 시 남북정상회담을 성사시켰던 성과와 국회의원 시절 국회개혁초선연대를 이끌면서 추진한 다양한 정치개혁 성과들 그리고 재선 시장으로서 그 누구보다도 괄목할 만한 성과를 낸 경험을 토대로 정책비전을 명료히 제시하고자

했고요. 그런데 솔직히 고백하자면 당시에도 그렇고 지금은 더욱더 많은 부분에서 준비가 덜되어 있다는 생각을 하게 되었어요. 문재인 대통령 덕분에 그것을 깨우치게 됐지요. 인수위도 없이 출범한 문재인정부의 인적 풀과 이어지는 개혁 공약들의 이행 과정을 보니까요.

______ 문재인 후보에 대한 검증을 다른 후보에 비해서 약하게 하셨어요. 인정하시나요?

______ 결과적으로는 그랬지요. 세 후보에 대해 나름대로 여러 가지 검증을 해보았어요. 그런데 문재인 후보의 약점이 상대적으로 현저히 적었어요.

문재인 후보에 대한 본격적인 정책 차별화 및 검증은, 만약 문재인 후보가 과반을 얻지 못해서 2차 경선에 들어가면 그때 본격적으로 진행하겠다는 입장이었어요. 또 타 후보에 비해 언론에 제기된 의혹은 많았지만, 심층적으로 살펴본 결과 결정적인 한 방이 나올 만한 부분도 없었고요.

일례로 호남 경선 토론회에서의 최대 관심사는 문재인 후보에 대한 호남홀대론이었어요. 호남 시민들과 지역 언론도 이 분야가 최대쟁점이 될 걸로 예상했고 저도 조사를 해보았지요. 그런데 노무현

정부의 호남인사 비율이 청와대나 각료에서 결코 타 지역보다 상대적으로 부족하지 않았고, 영남과의 지역차별 역시 근거없는 주장에 가까웠어요. 영호남의 국토교통부 총사업비도 노무현정부 때가 박근혜정부 때보다 훨씬 높았으니까요.

현재의 문재인정부를 보아도 호남 출신 인사들이 대거 청와대와 정부에 입성한 것을 보아도 당시 호남홀대론은 다소 과장된 점이 없지 않았다고 봅니다. 물론 정치적 공격이야 얼마든지 할 수는 있었지만 우선 구체적인 근거가 빈약했고, 꼴찌 후보가 모두를 공격하는 것은 선거전략상 적절하지도 않을뿐더러 실익도 전혀 없는 것이니까요.

:: 유혹과 냉정 사이

____ 꼴찌 후보의 경선 전략이 궁금하네요. 이제는 말씀해주셔도 괜찮을 것 같아요.

____ 네 명 중에서 꼴찌를 했지만 주요 선거에서 8승 1패의 전적을 거둔 사람인데 비장의 무기 하나 없었겠어요?(웃음) 1차 경선 지역이었던 광주에서 최소한 3위를 하고 돌풍의 기반을 만드

는 게 중요하다고 봤어요. 그렇게 되려면 2위, 3위 후보와의 차별화가 필요한데, 그 핵심을 청렴성과 도덕성 그리고 풍부한 국정운영 경험으로 설정한 것이지요. 그래서 그 부분을 집중적으로 토론했고요. 그러나 민주당의 경선토론이고, 경선 이후에는 한 팀이 되어 정권 교체를 위해 매진해야 하기에 많이 자제했어요. 한편으로는 선거전략상으로도 꼴찌 후보가 아무래도 2, 3위 후보를 상대로 문제제기를 많이 하지 않겠어요?(웃음)

_____ 사실 한국 정치 현실에서는 네거티브 전략이 지지도 향상에 도움이 되기도 하지요. 이것에 대한 유혹은 혹시 없었을까요?

_____ 상당했지요. 언론에 공표된 모든 후보들의 각종 의혹을 리스트로 만들어서 사실관계를 확인하고, 토론 직전까지 고민을 거듭했어요.

하지만 실제 대통령 선거 이후 드러난 사실을 보아도, 문재인 후보 아들의 취업 의혹 역시 국민의당 핵심인사의 정치 공작이라는 것이 명백히 드러나서 사법적 심판까지 받지 않았습니까? 철저한 검증과 국민적 공감대를 감안하지 않으면 이런 문제가 발생해요. 당장의 지지율에 연연한 과도한 프레임 공격이나 사실 무근의 정치적 비난을 자제한 이유예요.

김대중 대통령님의 후보 시절 TV토론 대책팀장과 안보보좌역으로서 철저히 배우고 익히며 쌓은 제 나름의 내공이에요.(웃음) 저는 그동안 총선과 지방선거를 거치면서도 상대의 네거티브 공세에 대해서는 강력히 대응했지만, 사실과 다른 '네거티브를 위한 네거티브' 공세를 펼친 적은 거의 없어요. 제 자존심이 그것을 허락하지 않아요.

경선 초반의 자체 여론조사 결과 지난 대선은 국민참여경선이었지만 이미 국민경선 참여인단을 모집한 후보 측의 조직력이 승패를 가를 뿐 사실상 유동표가 거의 없다는 결론을 경선 초반에 내게 되었어요. 그런 이유로 조금 더 냉정하고 객관적으로 경선에 임할 수 있었습니다. 흥분하지 않고, 권력에 중독되지 않고요.

_____ 안희정 후보에 대해서는 어떻게 평가하십니까?

_____ 평소에 안희정 후보의 정치적 내공을 높이 평가하고 있었습니다. 과거 안희정 후보의 강연을 몇 차례 접할 기회가 있었거든요.

여러 가지 역사적인 고찰을 심도 있게 하면서 뚜렷한 시대정신을 가진 듯했고요. 동시에 청중을 사로잡는 연설을 잘하시기도 하니까. 그런데 토론을 하다 보니 제 예상과는 많이 달랐어요.

다만 상대방의 의도를 좋은 방향에서 이해하고, 서로 대립된 견해를 다양하게 포용하려는 그분의 의지만큼은 잘 느낄 수 있었습니다.

_____ 이재명 후보에 대한 이야기도 궁금합니다.

_____ 이재명 후보는 같은 경기도의 시장이어서 그전부터 오래 봐왔기 때문에 여러 방면으로 잘 알고 있었어요. 그분은 승부사적 기질과 정무적 판단능력이 뛰어나다고 봅니다. 배우고 싶은 부분이기도 하고요. 박근혜정권과 국정원에 정면으로 도전한 용기, 촛불 집회가 시작되었을 때 누구보다 빨리 광장으로 향했던 추진력이나 결단력은 높이 평가할 만하지요.

:: 호위무사라니요?

_____ 경선 과정에서 "최성은 문재인의 호위무사"라는 비난도 있었습니다. 이것에 대해 어떻게 생각하시나요?

_____ 그 단어를 처음 이야기한 그룹은 대단히 정치적인 의도를 가지고 퍼트린 거였지요. 제가 걸어온 길이 부정당하는 듯한 느낌도

들었고요. 그러나 김대중 전 대통령과 각종 위기를 정면돌파한 기억을 되살려 토론에 임했어요. 호위무사론을 거론하며 의도적으로 저를 곤란에 빠뜨리려는 질문에 대해 잘 대응했다고 생각합니다.

문 후보의 정책을 꼼꼼하게 모두 읽어봤는데, 거의 80퍼센트가량 저의 정책적 비전과 비슷했다고 봅니다. 이 점이 호위무사론이 제기된 본질적 이유라 생각합니다. 실제로 제가 토론 과정에서 연방제 수준의 자치분권 개헌론을 이야기했을 때 문재인 후보가 전적으로 동의한다는 말씀을 하셨고요.

또한 '북핵 위기와 사드위기의 DJ식 일괄타결', '민간분야 일자리 창출을 위한 통일한국의 실리콘밸리 사업 추진' 등의 제 정책에 대해서도 기본적으로 같은 방향성을 갖고 계셨어요. 여러 정책들을 선택하고, 집중하고, 종합하고, 로드맵을 만들고, 예각화하는 것에서는 차이가 있겠지만 저의 정책과 문재인 후보의 정책은 전체적으로 유사했습니다.

_____ 정책적인 유사성이 호위무사라는 명명을 잘못 불러온 것이었네요?

_____ 태생적으로도 저는 특정 개인의 호위무사라든지, 소위 'OO빠'라는 것이 어울리지 않아요. 그렇게 존경해 마지않던 김대중 전

대통령께도 쓴소리와 비판적 제안을 가장 많이 했던 젊은 참모였고
요. 오죽하면 제 자료를 대통령께 전달해주던 수행비서가 "이렇게
비판적 보고서를 올려도 되나요?" 하고 묻기도 했던 기억이 나네요.
그래서 오히려 김대중 대통령께서도 저를 더 신뢰하셨고요.

패배는
포기보다 아름답다

:: 완주냐, 포기냐

_____ 많은 분들이 경선을 지켜보며 "최성은 중도에 포기할 것이다"라고 예상한 것이 사실입니다. 혹시 포기를 생각하지는 않으셨을까요?

_____ 완주하느냐 포기하느냐, 많이 고민했습니다. 고향 광주에서 열린 첫 번째 경선에서 참담하게 패배했을 때는 깊은 새벽까지 정말 깊은 갈등을 했지요. 그런데 여전히 그때까지도 다른 후보들에게서 대통령으로서의 충분한 자질을 발견하지 못하고 있었습니다. 승패를 떠나 제가 할 역할이 더 있다고 생각했어요.

아울러 중간에 포기하게 되면 제 도전의 진정성을 의심받을 것이라고 생각했어요. 사실 적당히 인지도를 얻거나 이후 경기도지사 출마를 위해 대선 경선에 출마한 것 아니냐는 이야기들이 많았잖아요. 이러한 말들이 사실이 아님을 보기 좋게 증명하고 싶었습니다. 주변에서도 그리고 몇 안 되는 핵심 참모들도 강력하게 건의했고요.

돌려받을 수 없는 막대한 경선 참여 비용을 감수하면서까지 완주를 하면 유권자들이 제 정치적 신념과 비전을 다시 한 번 관심을 갖고 봐주시지 않을까 하는 마음이 컸습니다. 결과적으로 옳은 선택이었다고 생각합니다.

:: 고향, 광주에서도 지다

_____ 태어나고 자란 곳인 광주에서의 경선 패배가 더 아프게 다가왔을 것 같습니다.

_____ 광주 경선은 내심 많은 기대를 했습니다. 이곳에서 의미 있는 지지율을 기록할 수 있다면 그 열기가 이후 경선지인 충청 · 영남 · 수도권 · 강원 · 제주로도 전달될 수 있을 거라는 예상도 했었고요. 이러한 기대는 단순히 광주가 저의 고향이기 때문에 가졌던 것이 아닙니다.

2차 대선후보 TV토론 후기(2)
- 고향 광주에서의 참담한 경선패배의 추억

민주당 광주 예비경선때였다. 고향 광주의 여러 지인들은 이구동성으로 모후보를 집중 공격하면 2위는 물론 1위도 가능하다 조언했다. 아니 견디기 힘든 압박에 가까웠다. 만약 그렇지 않으면 정치생명도 위태롭다 겁도 주었다. 중앙방송 토론회에서 4회 연속 인터넷 검색순위 1위도 했던 차라 승부수를 던지기로 작심하였다. 모후보 공격을 위해 준비한 엑스 파일을 모두 재정비했고, 사실성 유무에 상관없이 강력히 공격하기로 작심하였다.

고향인 호남에서 최소한 2위를 할 수 있다는 주변의 협박성(?) 유혹은 너무도 강력했고 내 마음은 크게 흔들렸다. 마지막으로 몇 안되는 참모에게 사전 통보식의 협의를 거쳤다. 광주에서 집중 검토한다고 언론에 공표했던 타 후보의 검증과 관련된 폭탄발언은 어느덧 다른 유력후보에 대한 폭탄발언으로 변화되 가고 있던 것이다.

이때 두 명의 참모가 강력히 다음과 같이 조언했다.
"절대 안됩니다. 우선 아무리 국민참여경선이더라도 당선가능성 중심으로 표심이 움직이기 때문에 지지율 변화는 어려울 것이니, 주변 지인의 유혹에 흔들리지 말고 시장님의 지론과 철학으로 밀고 나가셔야 합니다. 아무리 쎄게 때려도 세 후보의 지지도는 고정불변일 것이며, 그러기에 촛불민심과 DJ정신 그리고 최성의 비전에만 집중하십시오"

그래서 결국은 언론에 공표했던 폭탄발언은 그 누구에게도 터지지 않았고, 한동안 참모의 야속하고 냉정한 조언에 크게 마음 상했다.

그리고 일정한 시간이 흐르고, 광주에서의 참혹한 패배가 어느정도 잊혀져갈 때, 어느 네티즌은 이런 내 마음의 갈등을 어떻게 알았는지 이렇게 위로해주었다.

"최성후보님! 당신도 모후보를 쎄게 공격하면 고향인 광주에서 여러가지 반대급부의 표가 있다는 유혹을 심하게 받았을텐데, 그 유혹을 뿌리치셨군요. 언젠가 마음의 보상을 받을겁니다. 너무 상처 받지 마세요"

옆자리에서 자고 있는 아내가 들을까봐,
애써 소리죽이며 난 눈물을 쏟아내고 있었다.
누군가는 벌써 내 마음속의 유혹을 읽고 있다는 생각이 들었다.

나무가 아닌 숲을 보아야 한다!
내가 하면 로맨스, 남이 하면 스캔들?
당장의 눈앞의 탐욕때문에 평상심을 잃어서는 안된다!
나에게 엄격하고, 상대에겐 최대한 관용적이어야 한다!
세월호 아이들, 촛불광장의 시민들의 그렁그렁한 눈망울을 생각하며, 시대정신에 복무해야 한다.

2차 대선토론후 여러가지 논쟁을 멀리서 지켜보며 드는 가슴뜨거운 내 마음속의 비밀이야기이다.

고향 광주에서의 참담한 경선 패배의 추억
 – 최성 시장 페이스북에서

저는 젊은 시절부터 김대중 대통령을 그 누구보다 가깝게 모셨는데요. 호남 출신 개혁적 정치인으로서 민주당의 전통과 가치를 지키고 확립해왔다고 생각합니다. 민주주의·인권·평화 등의 가치를 최우선하는 호남의 민심이 저의 손을 들어줄 것이라 기대했습니다. 1등은 아니더라도 의미 있는 지지를 해줄 것이라 믿었지만, 그건 저의 환상이었어요.(웃음) 경선을 앞두고 여론 조사 결과를 내어 보았는데, 호남의 지지도는 전국 지지도와 다름없었습니다. 대세론과 조직력이라는 것을 제가 간과하고 있었지요.

_____ "기대가 큰 만큼 실망도 크다"라는 것이겠지요?

_____ 그렇다고 볼 수 있죠. 가장 큰 어려움은 먼저 언론의 철저한 외면이었어요. 출마 선언을 한 이후부터 경선이 끝날 때까지, 조금 과장해서 말씀드리자면 그 어느 곳에서도 머리카락조차 노출되지 않았어요.

또 광주 경선을 앞두고, 광주에서의 승리가 민주당 경선 승리와 직결된다고 여겨진 만큼 소위 '반문재인' 연대를 위한 각 후보 진영의 치열한 경쟁이 진행되고 있었어요. 그들이 보기엔 제가 이상했을 수도 있겠죠.

이 과정에서 저를 지지했던 몇 안 되는 분들조차 문재인 후보를 정면으로 공격하는 것이야말로 최성의 정치적 승리를 담보할 수 있는 유일한 방법이라고 압력을 가하셨고요. 다른 후보들과의 정치적 연대를 강력히 요구하기도 하셨어요. 고민이 많이 됐죠.

제 기억에 아마도 날밤을 꼬박 세웠던 것 같아요. 결국 정도를 걷기로 했어요. 제 슬로건대로 "김대중·노무현 정신으로 개혁적 정권 교체를 이룩"하는 것으로요. 타 후보에 대한 정치 공격은 자제하고, 선명한 정책 경쟁에 집중하기로 했죠.

:: 도전, 잃은 것과 이룬 것

_____ 광주 경선 패배 후, 어땠습니까?

_____ 광주 경선이 끝난 날 밤 호텔이었어요. 아내와 등을 맞댄 채 누워 있었는데, 침대가 들썩거릴 정도로 한동안 눈물이 나더라고요. 아내가 잠든 줄 알고 있었는데 멈출 수 없이 감정이 복받쳤던 것 같아요. 그렇게 꺽꺽거리는 동안 아내는 한 번도 저를 돌아보지 않았어요. 마음껏 울고 힘내라고.

이후 광주·호남 지역을 비롯한 전국 각지의 당원들을 만날 기회가 있었어요. 그분들은 먼저 제게 다가와서 "너무도 미안하다. 한 표만 행사해야 했기에 문재인 후보를 선택했다. 다음에는 꼭 당신을 지지하겠다. 득표율에 연연하지 마라. 당신의 고민어린 결단을 충분히 이해한다"는 등의

최성
4월 4일 · 🌐

힘들고 외로웠지만, 너무도 행복한 경선이었습니다!
— 더불어민주당 대선후보 경선을 마치며

무엇보다도, 단 한번 만난 적 없는 많은 국민과 당원, 네티즌이 보내주신 뜨거운 성원! 너무 감사했습니다.
제 정치인생 20년동안 한번도 느껴보지 못한 특별한 감동이었고 울림이었습니다. 가슴에 새겨두겠습니다!

더불어 꼴찌후보 곁을 흔들림없이 지켜준 자원봉사자님! 가족같은 따스한 사랑 깊이 간직하겠습니다.

문성님이라는 별명을 지어드린 문재인후보님!
경선승리 축하드리며, 적도 감동시킬 만큼의 통큰 광폭리더쉽 보여주시기 바랍니다. 그리고 추운 겨울날의 천만 촛불민심 결코 잊지 마시기 바랍니다.
(*선거법 때문에 꼭 정권교체 성공하시라는 말씀은
못드리겠네요. ㅎㅎ)

안대범이라는 별명을 지어드린 안희정후보님!
대연정 문제등으로 뜨거운 토론 했지만, 당신의 품격은 그 어떤 후보보다 높았습니다. 앞으로 더 큰 정치를 위한 의미있는 경선이 되기를 희망합니다.
동지로서, 대학 선후배로서 소주 한 잔 꼭 합시다.
제가 살께요. ㅎㅎ

이혁명이라는 별명을 지어드린 이재명후보님!
당신의 사회적 약자를 위한 뜨거운 정의감 높이 평가합니다. 지도자로서 더욱 귀감이 될 수 있도록 우리 함께 더 노력하십시다. 손가락 혁명군들의 헌신적인 열정에도 뜨거운 박수 보내드립니다.

못다한 고마운 말씀들, 어제 경선장에서 한 마지막 연설로 대신합니다.꼭 들어주세요(하단 클릭)

거듭 감사하고 존경합니다. 그리고 사랑합니다.
더 새로운 최성으로 스스로를 혁신하고 또 혁신하겠습니다.

자랑스러운 더불어민주당 대선 경선후보였던
최 성 올림

민주당 대선 후보 경선을 마치며……
힘들고 외로웠지만,너무 행복한 경선이었습니다!
 -최성 시장 페이스북에서

따뜻한 위로를 건네주셨어요. 그때마다 저는 "그러니까 저를 선택하지 않았다는 말씀이네요. 다음에는 믿어도 됩니까?"라고 대답했죠.(웃음)

얻은 것이 있다면 바로 인지도나 지지율을 뛰어 넘는 소통과 마음으로 건네받은 지지의 소중함이라고 말씀드리고 싶어요. 당장의 정치적, 권력적 이해관계보다 시대정신과 민심, 국민의 요구를 소명으로 받들어야 한다는 깊은 깨달음도요.

잃은 것이라고 하기보다는 반성할 일도 많았어요. 평소 저에게 깊은 신뢰를 주었던 분들과 경선 출마과정에서 충분한 논의를 하지 못했거든요. 사실 사전에 의논했더라도 저의 결단을 지지해줄 분이 없다는 판단에 고독한 결정을 내린 것이기도 했고요. 이 과정에서 다소 오해가 생기기도 했고, 근본적으로 저의 소통방식에 대한 반성을 하게 되었지요. 그리고 저를 도와주셨던 분들에게 낮은 지지율로 보답할 수밖에 없었잖아요. 어쩔 수 없는 실망도 많았을 것이라는 생각에 죄송하고, 또 감사한 마음뿐입니다.

_____ 0.3퍼센트냐 0.4센트냐를 구분하는 것조차 의미가 없어 보였던 지지율을 접하셨을 때 그리고 시간이 훌쩍 지난 지금, 내면적으로 달라진 점이 있으시다면요?

단 0.1퍼센트라 할지라도 그것이 0퍼센트는 아니라는 것, 경선 출마를 결심했을 때의 그 마음처럼 작은 물방울이 바위를 뚫는다는 자신감이 제 마음속에 다시 깊숙이 자리잡았습니다. 모든 기적은 0퍼센트에서 시작하니까요.

_____ 이제 대선 본선으로 질문을 돌려보겠습니다. 경선을 치른 입장에서 바라본 대선 본선 후보들은 어떠셨는지요?

_____ 우선 문재인 후보는 치열한 내부경선 과정에서 내공을 많이 쌓았는지 경쟁자였던 국민의당 안철수 후보의 'MB의 아바타' 발언이나 '40석에 불과한 소수정당으로서의 집권능력' 등을 적절히 공략하며 '문재인 대세론'을 이어나갔다고 봐요.

홍준표 후보는 박근혜 씨의 탄핵과 구속 이후 보수표를 끌어안기 위해 노골적인 수구적 행보를 이어갔고 발언 실수가 이어지며 구설수에 자주 올랐어요. 보수는 결집되었지만 누구도 홍준표 후보와 자유한국당을 책임있는 대안적 정치 세력으로 평가하지는 않은 것 같아요.

유승민 후보의 경우는 색깔론적 정치공세는 덜했지만 여전히 국가안보와 보수의 정체성 등 구시대적 이념의 프레임으로 문재인 후보를 가두려는 전략을 폈다고 보는데요. 별로 빛을 발하지 못했지요. 상대적으로 정의당 심상정 후보가 노동 문제를 비롯한 개혁적 이

김대중 대통령 잠언집 '배움'을 문재인 후보께 전해드리며, 정권 교체를 힘껏 돕겠다는 약속을 드렸어요. 경선 기간에 열심히 주장했던 연방제 수준의 자치분권 개헌과 한반도 평화해법을 담은 각종 정책 제안서도 함께 전해드렸고요. 적폐청산과 문재인정부의 성공이 곧 위기에 처한 대한민국호가 살 길이라고 생각합니다.

문재인 대통령 당선확정 직후 광화문 축하연설에서 청중들은 "최성!" "최성!"을 연호해주셨습니다. 그래서 제가 "경선 때 좀 그렇게 지지해주시지 그러셨어요?"라고 말씀드렸더니 대통령께서 박장대소를 하셨고요. 만약 다음에 또 출마한다면 정말 지지해주실까요? (웃음)

슈에서 주도적으로 토론을 이끌어갔으나, 소수 진보정당이라는 한계를 벗어나기에는 역부족이었다고 봐요. 심 후보 개인적으로는 자신과 당의 위상을 상당히 높이는 좋은 계기가 되었고요.

결론적으로 문재인 후보는 상대적으로 훨씬 더 치열했던 민주당 내 경선에서 절대 과반을 확보했던 기세를 몰아 본선에서는 시종일관 굳히기 전략에 집중했다고 봐요. 상대의 정치적 공격에 대해 적절히 되받아치기도 하면서요.

중간에 안철수 후보의 급부상으로 다소 긴장국면이 있었으나, 결론적으로 문재인 후보가 청와대 민정수석과 비서실장, 제1야당 대표와 18대 대선 후보를 거치며 갖춘 조직력과 위기관리능력, 정책비전 등 탄탄한 기반이 다른 후보들을 압도했다고 볼 수 있습니다.

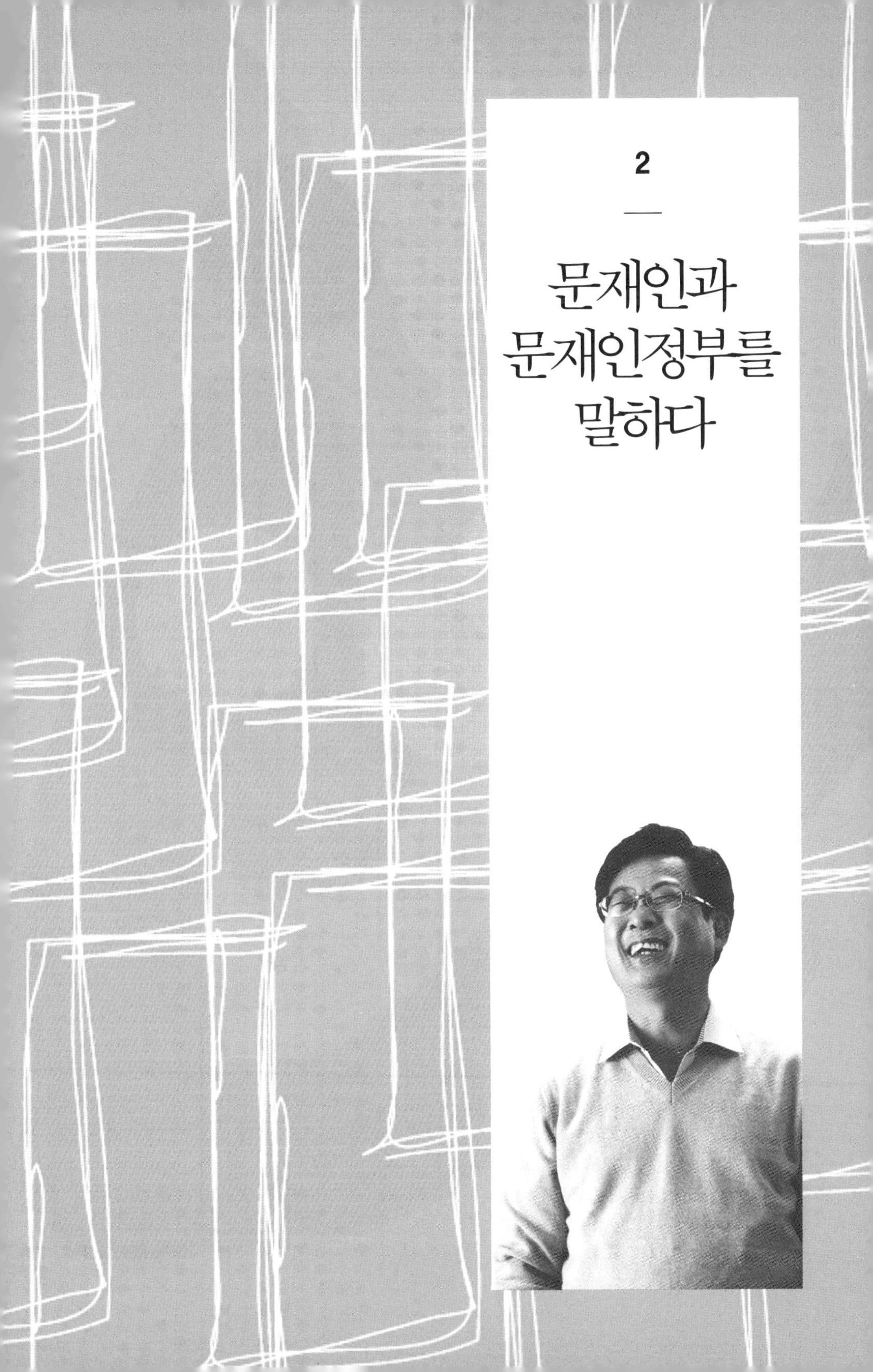

2

문재인과
문재인정부를
말하다

문재인을
말하다

:: 문재인이라는 사람

김선식　경선 시기와 경선 후 그리고 당선이 되고난 이후 바라본 문재인 대통령은 무엇이 같고 무엇이 달라졌습니까?

최 성　문재인 대통령을 새롭게 이해하게 된 몇 가지 대표적인 계기가 있어요. 지난 경선 때 문재인 후보가 군복무 시절 전두환 장군으로부터 받은 표창창이 논란이 되었잖아요? 그런데도 정작 당사자인 문 후보는 경쟁 후보들의 비난에도 대수롭지 않게 반응했지요. 오히려 제가 당시 상황을 객관적으로 설명해주었어요. 그리고 몇 개월

뒤 5·18 광주민주화운동을 다룬 '택시운전사'라는 영화가 개봉하면서 가장 먼저 5·18 광주민주화운동 당시의 참상을 담은 비디오를 전국에 알린 것이 문재인 변호사라는 사실이 알려졌어요.

또 하나는 노무현정부 비서실장으로 근무하며 티끌만큼도 공사 구분의 원칙을 어기지 않기 위해 언론인들과 절대 술을 마시지 않았고, 동문 모임에도 참여하지 않았다는 사실이에요. 청와대에 근무해본 사람으로서 대통령 비서실장에게 술자리와 동문조직이 갖는 힘을 잘 알고 있거든요. 자신의 원칙을 지키기 위해 어떻게 보면 가장 유용할 수도 있는 두 가지를 아예 배제해버린 것은 '문재인'이 어떤 사람인지 고스란히 보여주는 것이지요.

문재인 대통령께서 취임한 뒤 만난 대통령의 지인들은 문재인이라는 사람에 대해 공통된 평가를 내렸어요. "문재인 대통령은 항상 경청하고, 섣부른 정치적 약속을 절대 하지 않으며, 과도할 정도로 과묵하나 진실된 사람"이라고요.

이러한 일련의 계기를 마주하고 보니 지난 경선 당시 미스테리했던 상황들이 상당 부분 이해가 되었어요. 어떤 공격에도 미소로 응대한 것이나, 저의 정책질의에도 환한 미소로 적극적인 공감의지를 표한 것이나 모두 당시에 저는 도저히 이해되지 않는 문재인 후보의 모습이었거든요. 그런데 이제 이해가 갑니다. 그런 모습이 문재인 대통령의 본래 모습이었더라고요.

　　　　　　　　| 도전에서 소명으로 |

　　문재인 대통령이 달라졌다기보다는 문재인을 바라보는 우리들
의 시각과 경선 시기 민주당 내의 정치적 상황과 본선 당시의 정치
역학 그리고 당선 이후의 위상이 크게 달라졌다고 봐야겠지요. 오히
려 고집스럽게 보일 만큼 당시의 약속을 지키기 위해 애쓰시는 모습
이 인상적이에요.

_____　　문재인 대통령의 당선에 어떤 의미를 부여하십니까?

_____　　　제가 존경하는 현실 정치인은 김대중 전 대통령과 노무현
대통령 정도였습니다. 특히 김대중 대통령의 지근거리에서 정치를
배웠기 때문에 항상 그분의 시각에서 정치를 바라보고, 행동하고 실
천해왔어요. 민주당 대선 경선이라는 다소 무모해 보이는 결단을 한
것도 김대중 전 대통령만 한 경륜과 지도력을 가진 분이 없다고 판
단했기 때문입니다.

　　그런데 경선을 치르면서 문재인 대통령이 보여주는 모습, 이를
테면 개혁성, 진정성, 사려 깊은 행동들을 경험하게 된 것이지요. 김
대중·노무현 전 대통령과 김근태 전 의장과 같은 지도자를 제외하
고, 저렇듯 치열하게 독재와 부정의 그리고 온갖 적폐와 맞설 정치인
이 있었던가, 하는 생각이 들었습니다. 저의 마음에 김대중 대통령과
노무현 대통령 다음으로 존경할 만한, 배울 점이 많은 정치인으로 자

리매김했어요.

앞으로는 문재인정부의 성공이 민주개혁 진영의 성공이자 대한 민국의 성공이라는 생각으로 문재인정부에 대한 정책 제언, 특히 연 방제 수준의 자치분권 개헌이라는 시대정신을 풀뿌리자치 차원에서 실천하고자 해요. 북핵 위기와 전쟁 위기를 극복할 수 있는 평화해법 을 마련하는 일에도 매진할 것이고요.

:: 대통령 내외분과의 비밀대화⑦

_____ 대통령 내외와 민주당 대선 경선 주자들이 부부 동반 만찬 을 했지요. 2시간 30분이 넘는 긴 시간이었습니다. 무슨 대화를 나누 셨습니까?

_____ 편안한 분위기에서 진솔한 대화를 나누었습니다. 한 팀으로 정권 교체를 이룬 것에 대한 감사 인사도 서로 전하고요.

광화문 당선 수락 연설 때 잠깐 뵌 뒤로 사적으로는 처음 직접 뵙고 축하를 드렸고요. 새로 시작하는 청와대 생활에 대한 질문도 드 리고, 경선 에피소드도 추억 삼아 나누고요. 물론 자치분권을 비롯해 서 문재인정부가 역점적으로 추진하는 사안에 대해서도 의견을 나누었어요.

그런데 시간이 지나고 보니 그날 대통령께서 조근조근 하신 말씀이 상당히 깊은 고뇌 속에서 나온 것이었다는 생각이 들었어요.

____ 어떤 말씀이었습니까?

____ 아무래도 그날 모인 분들이 박원순 시장, 안희정 지사, 이재명 시장 그리고 저, 모두 지방정부 책임자들이었잖아요. 그러다 보니 자치분권에 대한 대화가 많이 오갔는데요.

제가 먼저 고양시의 자치분권의 사례를 설명드리면서, 국회 차원의 연방제 수준의 자치분권 개헌이 대통령의 의지대로 2018년 지방선거에서 관철되면 좋겠지만, 쉽지 않아 보이기 때문에 우선 정부 차원의 주도적인 자치분권에 대한 강력한 의지를 보이고 정책을 추진하면 좋겠다는 의견을 드렸고요.

이에 대해 대통령께서는 어떤 분야에서 정부가 먼저 결단할 수 있는 자치분권정책이 있을지 꼼꼼히 물으시고, 국회를 비롯한 주변의 여러 가지 장애물이 있더라도 강력히 추진하겠다는 단호한 의지를 보이셨어요.

또 문재인정부가 추진하는 적폐청산이 정부와 산하기관 등 공직 전반으로 확산되기에는 아직도 많은 시간이 필요할 것이라는 말씀도 있었습니다.

_____ 조금 더 구체적으로 말씀해주신다면요?

_____ 이를테면 "아직까지는 대통령만 바뀌었지, 관료 전반의 변화에는 더 많은 시간이 필요할 것 같다", "만약 자치분권 개헌 논의가 국회에서 만족스럽게 진행되지 않을 경우 내년 지방선거까지는 어떻게든 결론을 내야 한다", "적폐청산이 쉽지는 않지만, 반드시 이루어야 한다"와 같은 말씀이었어요. 일반론적인 말씀이고 또 최근에 여러 자리에서 이미 하신 말씀이지만, 정국의 최근 추이와 대통령의 단호한 행보를 보면 문재인정부의 개혁정책과 적폐청산에 대한 강력한 의지를 발견할 수가 있었어요.

_____ 노무현정부 민정수석과 비서실장으로, 이제는 대통령으로 청와대에 계시면서 남다른 감회도 있으실 것 같은데요.

_____ 그 부분에 대해서도 의미 있는 말씀을 하셨어요. 제가 질문을 드렸더니 "아무래도 노무현 대통령을 모시고 국정 전반을 깊숙이 보좌했던 경험이 크게 도움이 된다"고 하셨어요. 김정숙 여사님께서는 첫 청와대 생활이셔서 그런지 "아직 많이 낯설다" 하시면서 "18대

| 도전에서 소명으로 |

문재인 대통령의 초대로 청와대 만찬에 다녀왔습니다. 지방분권 개헌에 대한 심도 깊은 논의를 나누고 제가 오랫동안 준비한 국정운영 정책제언자료집도 직접 전달 드렸습니다. 만찬이 끝날 무렵 셀카도 흔쾌히 찍어주셨는데 누가 더 잘생겼나요? 따뜻한 모습으로 맞아주신 김정숙 여사님과 아내는 어느덧 꽤 친밀해보였습니다.

대선에서 패배한 이후 지지자들이 뜨거운 눈물을 흘리는 걸 보면서 너무도 죄스러워 힘들었는데, 이번에는 촛불민심을 받들어야 한다는 사명감으로 일했기에 하나도 힘들지 않고 선거운동을 할 수 있었다"고 하셨고요.

그러고는 대통령 내외께서 한목소리로 "대통령이라는 자리는 국민을 위해 도구로 쓰이는 자리이기 때문에, 임기를 마치면 마음 편히 떠날 준비를 하고 있다" 하시면서 욕심부리지 않고 청와대 생활에 편안하게 임하고 있다고 하셨어요.

바로 지난 박근혜정권 청와대에서 벌어진 차마 입에 담지 못할 사건들과는 차원이 다른 자세이지요. 대통령 내외분의 치열함과 비장함 그리고 동시에 편안함을 느낄 수 있었어요. 그 말씀을 듣고 있는 제 자신도 이 청와대가 국정농단의 현장이었던 그곳인가 하는 의구심이 들 정도로 1년 전과는 모든 것이 다 바뀌어 있었으니까요.

_____ 특별히 비밀스러운 대화는 없으셨나요?(웃음)

_____ 공개해도 될지 모르겠는데요.(웃음) 여사님께서 "대통령께서 밤늦게까지 책이나 자료를 읽으시다가 소파에 앉은 채로 잠에 드실 때가 있어서, 제가 TV를 보면서 곁을 지켜주는 경우가 많다"라고 말씀하시자 대통령께서 "여보, 그건 국가 기밀인데……"라고 농담을

하서서 자리에 있던 모두가 박장대소했지요.

:: 청와대에 간 고양이

_____ 기억에 남는 에피소드가 있다면요?

_____ 만찬이 끝나고 나올 때쯤에는 청와대 시계와 머그잔을 선물로 받았는데, 이구동성으로 "이렇게 소중한 시계를……"이라는 말과 함께 곳곳에서 감탄사가 흘러나왔어요. "추미애 대표님과 민주당 국회의원들도 못 받은 것이라고 하던데……"라는 말도 함께요. 아마 이후에 받으셨겠지요?(웃음)

관저 입구까지 내외분께서 배웅을 나와주셨는데 여기서 또 한 번 사건이 벌어졌어요. 관저 입구에 고양이 그림과 민원콜센터 전화번호가 적힌 제 초록색 소형차가 나타난 거예요. 이미 시의 마스코트처럼 된 제 관용차지요. 내외분과 부속실장을 비롯한 분들이 그날 들은 것 중 가장 크게 웃으시더라고요.

청와대 만찬이 끝나고 대통령님과 김정숙 여사님께서 배웅을 해주셨어요. 그런데 갑자기 귀여운 초록색 소형차가 등장한 것이에요. "앗, 이 차가 시장님 차예요?"라는 말씀과 동시에 그날 들은 두 분의 웃음 중 가장 큰 웃음이 얼마간 계속되었어요. 머쓱한 채 청와대를 빠져나왔던 기억이 나네요.

문재인정부의
국정운영을 논하다

:: 변화는 이미 시작되었다

박근혜 전 대통령 탄핵 뒤 새롭게 출범한 문재인정부. 지금까지 어떤 변화가 일어났다고 보십니까?

지난 촛불 광장에서 1,700만의 시민들이 추위를 이기고 어둠을 밝히며 출범시킨 정부라는 것 자체가 가장 큰 변화라고 할 수 있겠고요.

출범과 더불어 적폐청산 기조를 꾸준히 유지하고 있는데, 박근혜·최순실 등 국정농단 세력을 막후에서 강력히 지원하던 김기춘·

우병우 라인과 더불어 국정원, 검찰, 언론 등 강고한 적폐 구조가 급속히 해체 과정을 거치고 있다는 점을 들고 싶어요. 이 과정에서 이명박정권의 국정농단과 이와 연관된 적폐 세력도 함께 심각한 문제점을 드러내고 있습니다.

여의도 정치권도 변하고 있어요. 민주당을 중심으로 하는 촛불개혁 세력과 반문 세력을 중심으로 하는 다양한 형태의 반대 그룹들의 이합집산이 이루어지고 있고요.

또 절대 다수의 시민들, 약 70퍼센트가 넘는 국민들이 문재인 대통령을 적극적으로 지지하면서 적폐청산을 최우선 국정 과제로 받아들이고 있다는 사실이죠. 이를 정치 보복이라 일컫는 야당의 주장에는 지극히 일부만 동의하고 있고요.

다시 말해서 문재인 대통령이 약속하고 표방한 '연방제 수준의 자치분권 개헌'이라는 거대 담론이나 핵심적인 공약의 이행도 중요하지만, 현실 정치에서 너무도 심각한 문제점을 드러낸 국정농단 세력을 이번 기회에 확실히 심판해야 한다는 것, 말 그대로 국민주권시대를 열어가야 한다는 확신과 자신감을 갖게 된 것이 박근혜 탄핵 1주년을 넘어선 시점에서의 가장 큰 변화라 할 수 있겠습니다.

_____ 문재인정부의 인사정책에 대해 말들이 많은데요. '내로남불'이 아니냐는 비판도 있었고, 실제로 많은 인사가 부적격자로 판명됐

어요. 문제는 어디에 있고, 어떻게 해결해야 할까요?

_____ 현재 문재인정부는 많은 부분에서 폭넓은 지지를 받고 있지만, 인사정책은 상대적으로 높은 평가를 받지 못하고 있는 것이 사실이에요. 물론 과거 이명박 · 박근혜 정권의 인사와는 비교할 수 없을 정도로 추천되는 인사들이 청렴성과 도덕성이 우수하긴 하죠.

다만 지난 민주당 경선 과정에서 제가 처음으로 제기했던 '공직자의 청렴성과 도덕성의 5대 원칙'이 엄격히 적용되고 공직자의 윤리에 대한 국민들의 기준이 높아지다 보니 적지 않은 장관 후보자들이 낙마하게 되었죠. 기준 미달인 분도 있었고요.

청와대를 비롯한 문재인정부 주요 공직자들의 청렴성과 도덕성에 대한 자격 요건을 보다 구체적으로 명료히 하는 것이 중요하다고 봐요. 최근에는 청와대가 앞장서 '7대 원칙'으로 확대하는 등 보다 엄격한 기준을 설정하고 있는데요. 이를 시스템적으로 검증하는 혁신적인 인사 시스템을 개발하는 것이 해결 방법이 될 수 있다고 봅니다.

_____ 문재인 대통령이 5대 비리인사 원칙을 밝힌 것은 최성 시장님이 경선 때 주장하고 질의하면서 크게 이슈화된 것 아닌가요?

　　　그렇습니다. TV토론회 내내 강조했는데요. 제가 "박근혜·
최순실 국정농단 사태로 대통령까지 탄핵되고 구속된 상황에서 치
러지는 비상 대선에서, 최소한 민주당 대선 후보는 청렴성과 도덕성
을 최우선적으로 겸비해야한다"고 주장했어요. 그러면서 공직자 5대
배제원칙에 대해 질문했고, 이에 대해 문재인 후보도 적극 동의했었
던 것이죠.

　　당시 문재인 후보 또한 저와 마찬가지로 공직자 배제 5대 원칙
으로 병역면탈, 부동산투기, 탈세, 위장전입, 논문표절 등을 제시하셨
어요. 그런데 대통령이 되신 이후 7대 원칙으로 확대했어요. 첫 내각
을 구성하면서 적지 않은 후보들이 청문회를 통과하지 못했고, 그 결
과 5대 원칙을 더욱 강화하며 성 관련 범죄와 음주운전까지 포함시
킨 것으로 알고 있습니다.

　　　고양시 인사정책은 어떻습니까?

　　　시장에 취임한 직후부터 '희망 보직에 기초한 혁신적인 인
사 시스템' 개발에 집중했어요. 아마도 전국 최초일 텐데, 본격적으
로 운영되면서 공직 사회에 혁신을 일으켰다고 평가받고 있어요. 이
로 인한 작은 기적들이 곳곳에서 일어났고요. 김대중 대통령을 모시
고 청와대에서 일하면서 그리고 국회에서 이명박정부 각료들에 대

한 인사청문회를 하면서 공정하고 투명한 인사의 중요성을 뼈저리게 통감했던 경험이 큰 도움이 되었어요.

고양시는 대한민국의 열 번째 인구 100만 대도시인 만큼 2조 원이 넘는 예산, 3,000여 명의 공직자가 일하고 있어요. 시민들의 교육, 문화 수준이 상당하기 때문에 그에 걸맞은 인사정책이 필요했습니다. 한마디로 '인사가 만사'라는 것이지요.

공직자들이 적재적소에서 열정적으로 일하지 않으면, 권위가 서지도 않을 뿐만 아니라 시정 성과도 나오기 어려워요. 그래서 채택한 것이 학연, 지연 등을 완전히 무시하고 공직자 개개인의 전문성을 살릴 수 있는 '희망 보직' 시스템이에요. 체계적으로 인적자원을 관리하고 그 자료를 토대로 공정하고 투명한 인사를 실시하다 보니, 모든 영역에서 눈에 띄는 성과를 내고 전국 최고의 모델 도시라는 평가도 받게 되었어요. 아직도 보완할 점은 많지만요.

이런 검증된 시스템을 국가 차원에서 도입하기를 바라면서 지난 경선 때도 혁신적 희망 보직 시스템을 주장했던 것이고요. 쉽게 말해 전국의 공무원들이 부처별, 직렬별, 지역별, 기관별로 전문성과 보직경로, 향후 희망보직 등을 체계적으로 작성해서 중앙인사위원회 등 관련 기관에 제출하면, 상호 의견이 일치되는 경우나 발탁인사를 해야 할 때 희망보직에 기초한 인사를 전향적으로 시행하는 것입니다.

그렇게 되면 전국 공직문화의 활성화는 물론이고 자기 전문성에 기초한 놀라운 성과들이 도출될 것이라 확신합니다. 물론 정부 산하기관으로 대폭 확대할 필요가 있고요. 이러한 부분을 정책제언에 담아 새 정부 출범과 함께 대통령님과 청와대 인사수석실 그리고 정부 각 부처에 전달해 드렸습니다.

:: 적폐청산은 계속되어야 한다

_____ 적폐청산이 화두입니다. 자유한국당은 '정치 보복'이라고 주장하고, 민주당 내에서도 국민 통합을 내세우는 기류가 있어요.

_____ 문재인정부 자체가 박근혜·최순실 씨의 초헌법적인 국정농단과 대통령 탄핵으로 인한 비상적 대선을 통해 출범하지 않았습니까? 국민 다수가 문재인정부의 적폐청산을 지지하고 있어요. 그럼에도 아직 최순실 씨의 부정 축재에 대한 특별법을 비롯하여 적폐청산을 위한 법안이 전혀 통과되지 못하고, 오히려 적폐 세력의 강력한 저항이 계속되고 있지 않습니까?

대한민국의 현대사를 돌이켜보더라도 해방 이후 친일청산을 못해서 친일파 박정희의 군사독재가 가능했던 것이지요. 또 군사독재의 적폐를 뿌리 뽑지 못했기에 전두환·노태우 군부 권위주의정권

     | 도전에서 소명으로 |

을 거쳐 박근혜정권이 탄생했고요.

_____ 더 이상 같은 상황이 반복되어서는 안 된다는 말씀이군요.

_____ 그렇습니다. 박근혜·최순실 국정농단과 이명박정권의 적폐를 제대로 청산하지 못하면 또다시 '이명박근혜'정권이 부활할 것이 분명해요. 그렇게 되면 대한민국의 미래가 없는 것이지요.

지난 촛불시민혁명에서 국민들이 얼마나 외쳤습니까. 각종 개혁 과제와 반헌법적 적폐청산을요. "대충 이 정도만 하고 가야 하지 않느냐.", "적당히 타협하고 통합의 길로 가자."는 주장은 촛불민심과 시대정신을 정면으로 거역하는 일이에요.

아직도 적폐청산을 위한 검찰조사는 시작단계이지 않습니까? 국정원 댓글공작과 국군 사이버사령부 정치개입 수사, 국정원 특수활동비 상납수사, 보수단체 지원 화이트리스트 수사, 국정원 적폐청산 TF 수사의뢰사건 그리고 이명박 전 대통령과 관련된 다스 실소유주 의혹 수사 등 아직 진실 규명이 전혀 이뤄지지 않은 상태예요. 이러한 문제들은 지방선거 등 정치일정에 구애받지 않고 공정하고 투명하게 수사가 진행돼야 할 것입니다.

이를 위해서는 촛불시민혁명의 정신에 따라 국민을 위한 권력기관으로 전환해야 합니다. 예를 들면 검·경 수사권 조정과 고위공직자 비리수사처 설립 그리고 국정원의 국내정치 개입을 차단할 수 있는 대외안보정보원으로의 전환 등의 제도적 장치가 사법개혁차원에서 이루어져야 하겠지요.

국가정보원으로부터 36억 5,000만 원의 뇌물을 상납받은 혐의로 추가 기소된 박근혜 전 대통령의 경우, 공개된 사용처가 각종 치료와 주사 비용, 7억 원에 달하는 전용 의상실 운영으로 밝혀졌어요. 최순실 씨가 관리했을 것으로 검찰이 파악하고 있는 상납금도 20억 원에 달하고요. 박근혜 씨가 얼마나 급했을까요? 변호인을 모두 사퇴시켰다가 부랴부랴 재선임했으니까요.

이명박 · 박근혜 정권 동안 국정원은 무엇을 했습니까? 북한의 대남간첩을 잡는 것이 아니라 무고한 시민, 그것도 북한이탈주민으로 서울시 공무원이 된 분을 간첩으로 조작하는 등 박정희 군사정권 시절의 간첩조작사건과 유사한 행태를 반복했어요. 그것도 모자라 대북 특수활동비를 국정농단 세력에게 갖다바쳤고요. 국민들은 도대체 누구를 믿고 살아가야 할까요. 그러면서도 입만 열면 '국가 안보가 최우선', '친북좌파 척결'을 외쳐댄 부패한 수구세력의 행태에 분노를 느끼지 않을 수 없습니다. 바로 이런 적폐가 뿌리째 청산되지 않고 어떻게 대통합과 대연정이 실현될 수 있을까요? 공멸할 뿐이지요.

:: MB정권의 블랙리스트가 되다

_____ 직접 적폐청산을 위해 본격적인 움직임을 시작하셨지요. 이명박 전 대통령과 원세훈 전 국정원장을 고소하셨어요.

_____ 이명박·박근혜 정권을 거치며 저를 비롯한 당시 야권 단체장들이 겪은 고통은 이루 말할 수 없었습니다.

저의 경우는 전국 최초로 야5당과 시민단체 단일후보로 고양시장에 취임한 직후 시장직 인수위원회 밥값 조사에서부터 전혀 근거 없는 권력기관의 압박이 고강도로 시작됐고요. 전임 시장 시절에 이루어진 불공정한 행정 행위와 특혜 의혹을 해소하기 위해 관련사안을 재검토하고 다시 올바른 행정절차를 진행했을 때, 권력기관과 지역의 일부 세력이 보인 행태는 참으로 견디기 힘들었습니다.

청와대와 국회의원을 거친 노하우가 있기에 나름대로 정치적 대응을 병행해가기는 했지만요. 무소불위의 권력 앞에서 후일 민주정권의 출범 이후 적폐청산을 기대하고 준비할 수밖에 없었던 거예요.

_____ 정의로운 정부가 출범했을 때를 인내하며 준비하신 거로군요.

_____ 특정 정당과 연계된 일부 세력의 불법적인 선거운동에 대해

뒤늦게나마 MB정권 국정원 블랙리스트에 포함됐다는 증거가 드러났습니다. 야당 시장으로서 이명박 · 박근혜 정권 내내 겪었던 고통들이 모두 우연이 아니었던 것이지요. 4대강사업을 반대하고 민생 개혁정책을 추진한 것이 그들에게는 눈엣가시였나봅니다. 이명박 전 대통령과 원세훈 전 국정원장에 대한 검찰 수사로 온 국민이 '이명박 국정농단'의 진실을 알아야 합니다.

언론에 공개된 녹취록을 확보하는 한편, 국회에서 '야당 지자체장에 대한 정치적 청부 감사'라는 비판을 받았던 감사원 특별조사국의 부당한 감사 사례 등을 꼼꼼히 정리하고 준비해두었어요.

문재인정부가 출범하면서 이명박정권 국정원의 사찰의혹이 제기된 거예요. 민주당 적폐청산위원회가 공개한 자료에 따르면 저를 비롯한 당시 야당 지자체장 31명에 대한 불법적인 사찰이 국정원에 의해서 이뤄졌다는 것이지요. 이 부분에 대해 검찰 수사를 촉구하고자 국가정보원법상 정치관여죄로 고소하게 되었어요.

_____   본인의 사찰 내용은 무엇인가요?

_____   참 놀랍고 충격적인 내용이었습니다. 첫째는 제가 4대강 사업을 반대했다는 것인데요. 제가 시장에 취임함과 동시에 창릉천 수변 사업에 대한 국토교통부 공모 사업을 포기했거든요. 이 사업이 이명박정권에서 추진된 4대강 사업의 홍보 차원에서 진행되는 것이었어요. 수십조에 달하는 천문학적인 국가 예산을 낭비하는 것을 막는 친환경 생태하천사업이 박수받을 일이지, 국정원의 사찰 대상으로 지목받고 재정적, 행정적 각종 탄압을 받을 행위는 결코 아닌 것이지요. 박정희 군사독재정권 시절도 아니고 말이에요.

가장 힘들었던 것은 무조건적으로 고발당하기 시작했다는 것입니다. 의도적으로 조직된 것이 의심되는 단체들로부터요. 전임 시장 시절의 법적 안정성이 없고 불공정했던 행정행위를 공정하고 투명하게 바로잡았는데 이것이 오히려 제가 특정 업체에 수백 억 원의 특혜를 준 것이라며 그 플래카드를 이삼 년 동안 저희 집 앞부터 온 동네에 다 붙여놓았습니다. 그러니 저는 졸지에 300억 원이 넘는 큰 돈을 배임한 시장이 된 것이지요.

이런 식의 억지 주장으로 정신적 피해를 입은 제 보좌관은 불치병을 얻어 일을 그만두었습니다. 그러고는 본인이 시민권을 갖고 거주하던 호주로 되돌아갔어요. 그랬더니 그것을 두고 또 도피를 했다며 여론전을 펼쳤어요. 결국 저를 그렇게 음해했던 한 시의원만 허위사실 유포로 법정 구속이 되었고 다른 사람은 고작 300만 원 벌금형에 처해졌습니다. 최근까지 거의 모든 법적 공방에서 저와 고양시가 승소했지요. 물론 이러한 경험을 한 것이 저뿐만이 아니었습니다. 이명박 · 박근혜 정권 시절 지방정부를 대상으로 이뤄진 온갖 적폐를 청산하기 위해서, 당시 야당 자치단체장에 대한 탄압실태 등을 고소하고 반드시 진상규명 및 재발방지 대책을 강구할 것입니다.

_____ 박원순 서울시장과 관련된 내용도 있습니다.

_____ 박원순 서울시장이 이사로 재직하던 희망제작소에 고양시

   | 도전에서 소명으로 |

발전 계획과 관련한 2,000만 원짜리 연구 용역을 주었다는 것 때문에 사찰 내용에 기록된 거예요. 황당하지요?

더 황당한 것은 친환경 무상급식정책과 인권위 설치, 기간제 근로자 정규직화 등이 좌파적인 정책이라는 것이었어요. 제가 야5당과 시민단체의 단일 후보로 초선 시장에 취임할 당시에는 무상급식정책이 큰 화두였잖아요. 저도 주요 공약으로 내세웠고, 최근에는 500여 명에 가까운 비정규직을 정규직으로 전환해서 뜨거운 박수를 받기도 했고요. 서민을 위한 공약을 착실히 이행한 시장이 친북좌파라고 불리는 것도 어불성설이지만, 소위 건전 언론을 통해 단체장을 무력화시키라고 지시하는 국정원이 존재한다는 것을 상상이나 할 수 있겠습니까? 박정희 군사독재정권의 인혁당사건에서부터 박근혜정권의 서울시 공무원 간첩조작사건에 이르기까지, 국가권력기관이 무고한 시민을 희생시켜온 반헌법적 인권유린행위를 돌이켜보면 상상하지 못할 일도 아니겠지요.

국가안보를 위한 최후의 보루인 국정원이 야당 지자체장에 대한 사찰이나 일삼고, 반국가적인 국정농단을 주도하고 또 그것을 대통령에게 보고했다는 의혹이 제기된 것이죠. 이런 의혹에 대한 신뢰할 만한 근거가 발표되자마자 피해 단체장 중 가장 먼저 고소를 할 수 있었어요. 그동안 준비했던 것이 많았기 때문이었지요.

______ 블랙리스트에 포함되었을 때 느낌은 어떠셨나요?

______ 충격적이고 황당했지만 한편으로는 영광스러웠어요. 아, 내가 사회적 약자를 위한 민생개혁정책을 열심히 추진했다는 뜻이구나.(웃음)

______ 최순실 부정축재 환수를 위한 특별법 제정 촉구 기자회견에도 참여하시고, 100만인 범국민 서명운동기구에도 동참하셨다고요?

______ 박근혜, 최순실 씨가 구속된 지 1년이 다 되어가고, 문재인 정부가 출범한 지 6개월이 다 되어가는데도 최순실 씨가 보유하고 있는 것으로 추정되는 천문학적인 부정축재자금이 환수되기는커녕 은닉 재산의 지극히 일부분만이 밝혀졌을 뿐이에요. 하루속히 특별법이 제정되어야 해요.

적게는 수천억 원에서 많게는 수조 원에 달하는 것으로 추정되는 박근혜·최순실의 불법 자금은 그 뿌리가 박정희 전 군사정권에 있을 것이고, 이에 대한 엄정한 조사와 환수 작업이 이뤄지지 않으면 역사는 계속 반복될 것이 분명하겠지요.

지금 여의도 정치권에서 적폐 세력의 목소리가 부활하고 비이성적 주장들이 난무하는 것을 보면, 올바른 역사 정립 작업은 이제 시작이라고 생각합니다. 문재인정부가 단호한 의지를 가지고 잘해나가고 있다고 생각하고요.

지난 겨울의 촛불시민명예혁명을 1987년 민주화운동 이후 최대의 사건으로 본다면, 제2의 시민주권시대를 열어나가기 위해서는 흔들림 없는 적폐청산이 이루어져야 한다고 생각해요. 이명박 · 박근혜 정권만이 아니라 우리 사회 내부의 모든 갑질 문화와 특권층만을 위한 권력 체계를 개혁해야겠지요.

:: 김대중 사상의 계승자, 노무현과 문재인

____ 다시 문재인정부 이야기로 돌아와볼까요. 김대중 대통령의 '적자'에게 문재인 그리고 노무현은 어떤 의미인가요?

____ 우선 DJ의 가장 큰 영향을 받은 저 스스로를 자랑스럽게 생각합니다. 민주주의와 인권, 평화에 대한 확고한 철학을 지닌 DJ 정신을 계승하는 것이 제 정치철학의 핵심이니까요. 지금도 김대중사상계승발전위원장을 맡고 있기도 하고요.

돌이켜보면 DJ의 사상과 철학을 지속적으로 현실 정치에서 실현한 분은 노무현 · 문재인 대통령이라고 해도 과언이 아닙니다. 김대중 정신의 핵심이 무엇인가요? 정치적으로 변절하지 않고, 적폐와 야합하지 않는 것이고요. 민주주의와 사회정의 실현 그리고 한반도 평화정착을 위해 끊임없이 실천하는 '행동하는 양심'이거든요.

지금도 입으로는 김대중을 이야기하고 기회가 있을 때마다 세일즈해왔지만 내막을 들여다보면 김대중 정신을 저버린 분들이 적지 않다고 생각해요. 하지만 노무현 대통령과 문재인 대통령은 누구보다도 김대중 정신을 확실히 계승·발전시켰다고 볼 수 있어요. 적어도 저는 그렇게 생각해요.

_____　　흥미롭네요. 노무현, 문재인 대통령이 김대중 사상의 확실한 계승자다?

_____　　노무현 대통령 역시 부산이라는 불모지에서 끊임없이 지역감정 극복과 정치 개혁을 위해 희생적 결단을 내렸어요. 남북정상회담을 발전적으로 이어나갔고 사회 전반에 깔린 기득권과 적폐를 타파하기 위해 실천하셨잖아요. 그것이 바로 김대중 사상의 핵심입니다. 노무현 대통령께서 서거하셨을 때 김대중 대통령께서 "내 몸의 반쪽이 떨어져 나간 심정이다" 하고 말씀하시면서 오열하시는 장면을 기억하는 분들이 많을 거예요. 어쩌면 그 장면 자체가 이미 노무현 대통령은 김대중 사상의 확실한 계승자라는 것을 입증했다고 생

　　　　　| 도전에서 소명으로 |

각합니다. '친DJ', '친노'로 구분한다는 것 자체가 특정 계파의 수장이 되고자 하는 세력의 정치공학적 계산인지도 모를 일이지요.

_____ 그렇다면 문재인 대통령은 어떤 관점에서 DJ와의 연관성을 찾을 수 있을까요?

_____ 경선 당시 제가 제시했던 북핵 해법으로 DJ식 포괄적 일괄 타결 방안이 있는데요. 문재인 대통령께서 "최성 후보는 DJ 사상의 확실한 계승자로 알고 있다. 나도 DJ식 해법에 적극 동의한다"는 말씀을 누누이 하셨죠. 지금 정부에서 추진하는 자치분권도 사실 그 뿌리는 김대중 대통령이에요. 목숨을 건 단식투쟁으로 쟁취한 것이 오늘의 지방자치거든요. 이를 연방제 수준의 자치분권 개헌으로 추진하겠다는 것은 DJ를 계승하겠다는 의지로 해석할 수 있는 것이지요.

자치분권뿐만은 아니고요. 문재인정부의 공약과 취임 이후 추진한 정책을 살펴보면 전반적으로 김대중 사상을 계승한다는 것이 강하게 느껴져요. 문재인 대통령도 후보 시절 역대 정치인 중에서 김대중 대통령을 가장 개혁적인 대통령으로 존경한다는 인터뷰를 하신 것이 기억이 납니다.

노무현 대통령의 비서실장이자 자랑스러운 친구였던 문재인 대통령에 대해서 이런 평가를 내리는 것에 대해 문재인 대통령이 어떻게 생각하실지는 모르겠네요. 물론 문재인 대통령이 일차적으로 노무현 대통령의 계승자임은 두말할 필요가 없겠지요.(웃음)

_____ 그렇다면 가까이에서 직접 본 김대중, 노무현, 문재인 세 대통령은 어떤 분이셨나요? 사상과 정책에 있어서는 말씀하신 것처럼 상당히 유사하지만 개성과 스타일에 있어서는 많이 다를 텐데요?

_____ 김대중 대통령은 학구적이고, 이성적이고, 신중하고, 매우 합리적인 스타일이에요. 노무현 대통령은 실천 운동가적이면서 감성적이고, 열정적이시고요. 승부사 기질을 바탕으로 돌파력도 뛰어나셨지요.

문재인 대통령은 김대중 대통령의 합리적 이성과 노무현 대통령의 열정적 감성을 모두 가지고 있다는 느낌을 받아요. 학구적이고 합리적이면서도 개혁적인 운동가의 면모가 넘치고, 감성적으로도 따라올 정치인이 많지 않은 것 같아요.

_____ 세 분 대통령이 처했던 시대 상황도 많이 달랐지요?

_____ 김대중 대통령은 민주주의와 인권, 평화를 위해 목숨을 바쳐 운동하신 분이셨어요. 그러나 대통령 후보 시절부터는 수권을 위해 자민련의 JP와 공동정부를 수립할 수밖에 없었고, 이 과정에서 개혁

 | 도전에서 소명으로 |

정책을 주도적으로 펼치기에는 많은 한계를 지녔다고 볼 수 있습니다. 해방 이후 여야 간 최초의 정권 교체였음에도 불구하고요. 제가 재직했던 청와대 외교안보수석실만 하더라도, 외부에서 청와대에 들어와 대통령을 모셨던 사람은 임동원 수석 외에는 저 혼자였고요.

반면 노무현 대통령은 김대중정부에 이어 개혁적인 정권 재창출이 이루어졌기 때문에 김대중정부의 정책을 계승하면서도 미완의 정치 개혁과 사회혁신정책을 강력히 펼칠 수 있었죠. 하지만 박정희, 전두환, 노태우로 이어지는 군부권위주의 세력을 중심으로 한 오랜 적폐 구조의 반발이 본격화되었고, 결국 좌절하게 되었어요. 적폐세력의 힘을 과소평가한 것이지요.

그 이후 10년간 이명박 · 박근혜 정권의 국정농단이 이어졌고 촛불 시민들은 문재인정부를 출범시켰어요. 어떻게 보면 김대중정부가 당시의 적폐 구조와 IMF 외환 위기 같은 어려움을 안고 출발한 것과 유사하지요. 문재인정부에는 통제불가능한 김정은의 핵 보유정책과 트럼프 대통령의 초강경 대북정책 및 미국 중심의 강력한 패권주의 정책이 그것이에요. 또 박근혜 · 최순실을 중심으로 하는 국정농단 세력과 이명박정권의 적폐를 청산해야 하는 중대 과제를 안고 있고요.

문재인 대통령은 다행스럽게도 민주정부 10년간 펼친 개혁정책의 현장에 계셨기에 국정 경험이 풍부하고, 동시에 민주개혁 진영이 안고 있는 내부적 한계와 문제점에 대한 부분도 충분히 인지하고 계실 거예요. 현재의 위기를 극복할 충분한 역량을 갖고 있는 것이지요. 특히 노무현정부 청와대 민정수석과 비서실장, 이후 민주당 대표와 대선 후보를 거치며 뼈아픈 패배도 겪어보셨잖아요. 오히려 이것이 문재인정부의 성공을 위한 자양분이 되리라 믿어요.

_____ 김대중 대통령께서 살아계셨다면, 문재인 대통령에게 어떤 말씀을 해주셨을까요?

_____ 민주당 경선이 끝난 뒤 네 명의 후보가 호프미팅을 가졌어요. 제가 그때 김대중 대통령 잠언집 '배움'이라는 책을 문재인 대통령께 선물해드렸는데요. 그 책의 내용 중에서도 김대중 대통령께서 문재인 대통령에게 건넬 법한 내용에 빨간펜으로 밑줄을 그어놓았어요. 몇 가지만 소개해드리겠습니다.

"민심은 마지막에 가장 현명하다. 국민은 잘못 판단하기도 하고, 흑색선전에 현혹되기도 한다. 국민이 언제나 승리하는 것은 아니다. 그러나 마지막 승리자는 국민이다."

"사람을 대할 때 마음을 온통 열고 그를 받아들여야 한다. 이 말은 그의 결함이나 계략을 눈감아 주라는 말이 아니다. 그것을 능히

| 도전에서 소명으로 |

보면서 온몸으로 대하고 주고 받으라는 말이다. 군자는 화이부동한
다(君子和而不同)."

"바른 정치인이 되려면 서생적 문제의식(書生的 問題意識)과 상
인적 현실감각(商人的 現實感覺), 이 두 가지를 겸비해야한다."

주옥같은 말씀이지요. 촛불민심을 외면한 박근혜 · 최순실 국
정농단 세력이 가장 귀담아 들었어야 할 준엄한 경고이자 문재인 대
통령이 지금까지 잘해오고 계신 것처럼 국민만 믿고 가야 승리할 수
있다는 진리를 담고 있어요.

적폐청산에 주력하면서도 끝까지 견지해야 할 통합의 정신, 화이
부동의 철학이 그다음이고요. 북핵 문제와 함께 한반도의 위기를 타개
할 외교를 펼치는 데 있어 실사구시적 국익외교에 대해서도 김대중 대
통령께서 깊이 조언해주시지 않았을까, 하는 생각을 해봅니다.

:: 문재인정부를 말하다

_____ 문재인정부의 정책 수행 능력은 어떻게 평가하십니까?

문재인정부에 대해 가장 높게 평가하는 부분이 바로 정책 추진력이에요. 놀라울 정도로 빠르고, 여러 장애물이 있다 하더라도 국민만 믿고 강력히 밀고 나간다는 점이죠.

연방제 수준의 자치분권 개헌, 공직자 임명 7대 원칙 천명, 국정원의 국내정치 개입 차단, 고위공직자 비리수사처 신설, 공공 부문 일자리 증대, 소득주도성장, 비정규직의 정규직화, 4차 산업혁명 선도, 노인 치매센터 등 주요 공약들을 당선과 동시에 시행하고 있어요.

경선 때부터 내세웠던 공약들인데, 대부분 추가적인 수정 없이 즉각 추진하는 모습을 보며 '준비된 대통령'이라는 인상을 강하게 느끼고 있습니다. 물론 정책 추진 과정에서 여러 가지 시행착오는 발생하고 있지만요.

시행착오를 말씀하셨는데요. 문재인정부의 과제는 무엇이라고 생각하시는지요?

남은 과제가 산적해 있습니다. 첫째는 적폐청산을 지속적으로 추진하면서도 어떻게 정치권의 협치를 이끌어내서 민생개혁법안을 관철해낼 수 있을지, 또 이와 동시에 국민대통합을 이루어낼 수 있을지 하는 점입니다.

둘째는 김정은과 트럼프 사이의 마주보는 열차 같은 북핵 대결

구조 속에서 한반도 전쟁 위기를 어떻게 극복할 수 있는가 하는 점입니다. 평창 동계올림픽 북측 선수단 참여를 계기로 한반도 평화정착과 이를 통한 국제경쟁력을 확보해야 하는 절체절명의 과제가 주어져 있습니다.

셋째는 문재인정부 내각이 초심을 잃지 않고 청렴성과 개혁성을 지켜나가야 한다는 점입니다. 또한 일자리 창출과 민생경제 회생, 각종 재난안전사고와 최저임금 및 가상화폐 논란 등과 같은 위기관리 능력에 있어서 얼마나 유능한 정부로 국민적 평가를 이어나갈 수 있느냐 하는 점도 중요합니다.

이러한 점들을 최대한 빠른 시간 내에 해결하지 못할 경우, 야당들이 거센 정치공세를 펼칠 가능성이 높습니다. 보수언론 역시 아직까지는 관망하고 있지만, 상상하기 힘든 비판을 가할 수 있습니다. 이에 더해, 트럼프 대통령, 김정은 위원장, 아베 총리, 시진핑 주석 등 동아시아 국제정세가 결코 우리 정부에 호의적이지만은 않다는 점도 향후 문재인정부가 넘어야 할 큰 장애물인 것이죠.

_____ 대선 기간 중 여러 가지 공약을 제시하셨습니다. 문재인정부에 반영된 것이 있습니까?

_____ 꼭 제가 제안해서 반영된 것이라고 할 수는 없지만, 저의 평소

지론이나 제안들이 문재인정부의 정책에 많이 반영되어 개인적으로 의미 있게 생각합니다. '연방제 수준의 자치분권 개헌'은 대통령의 강력한 입장 발표와 함께 구체적 로드맵이 마련되었고요. 특히 지방선거와 동시에 자치분권 개헌안을 국민투표에 부치겠다는 의지를 표명하셨지요.

북핵 문제 해결과 한반도 평화정착과 관련해서 중국과 유엔이 대북 특사를 파견하는 것과 평창 동계올림픽을 계기로 남북고위급 회담이 성사될 것 역시 저도 다양한 루트를 통해 정책 제안을 했던 내용입니다.

_____ 공약의 수준도 중요하지만 얼마나 잘 이행하느냐가 가장 중요한 부분인데요. 문재인정부의 공약 이행 수준에 대해 평가하신다면?

_____ 정책은 예산으로 말합니다. 문재인정부의 정책을 평가하기 위해서는 2018년도 예산을 보면 됩니다. 예산의 제약이 있기 때문에 우선순위가 있고, 야당의 반대가 있습니다. 또 지역 주민들의 선호도도 모두 다르고요.

그럼에도 문재인 대통령은 2018년도 예산 편성에 있어서 저소득층과 사회적 약자를 위한 복지 예산 증액을 최우선에 두었어요.

  | 도전에서 소명으로 |

박근혜정권 대비 11.7퍼센트라는 두 자릿수 증가율을 기록했을 뿐만 아니라 사회보험 사각지대 해소를 위해 1,911억 원 증액, 기초연금 인상과 아동수당 인상, 912억 원에 달하는 영유아 보육료 지원 예산 관철 등이 눈에 띠어요.

4차 산업혁명과 일자리 창출을 위한 예산도 중요한데, 철도와 도로 등 국가 기간망 확충을 위해 1조 2,000억 원, 산업 단지 및 경제 자유 구역 기반 조성에 393억 원 등 이 분야에 대폭으로 증액을 했습니다.

특이 사항은 자주 국방력 강화 차원에서 적의 공격 징후를 미리 탐지해 선제공격하는 킬 체인, 미사일 방어, 대량 응징 보복 등 3축 체계 예산을 대폭 늘리는 등 국방 예산으로 전년 대비 7퍼센트 증가한 43조 1,000억 원으로 확정되었어요.

멀리서 문재인정부를 지켜보면서 자주 놀라는 부분이 공약 이행 의지가 매우 강하다는 점인데, 그 의지가 고스란히 반영되었다고 봐요. 저도 고양시장으로서 매니페스토 공약 이행과 관련해서는 매년 최고의 평가를 받기도 했지만, 이행하는 게 말처럼 쉽지 않거든요.

사병 월급이 대폭 인상되는 것만 보아도, 문재인 대통령이 과도하게 특정 공약을 강조하지는 않지만, 취임 이후 하나하나 철저하게 이행한다는 느낌을 강하게 받습니다. 큰 장점이죠.

3

도전은
삶처럼
이어진다

김대중이라는 운명

:: 김대중이라는 거목을 만나다

김선식　김대중 대통령에 관한 일화를 꺼내셨는데요. 어떤 계기로 DJ 라는 우리 현대사의 거목을 만나셨고 또 자신의 정치를 시작하게 되셨습니까?

최 성　어떤 계기로 정치를 시작했다기보다 "정신을 차려보니 정치의 한복판에 서 있었다"라고 말하는 게 더 맞을 듯해요. 물론 본격적인 계기는 있습니다. 1994년이었습니다. 정계 은퇴 후 영국에 머물고 계시던 김대중 대통령은 귀국을 하시면서 아태평화재단을 설립하셨지요. 평화와 통일에 대한 조예가 깊은 젊은 학자를 찾으셨고 여기에 제가 선택이 되었던 것입니다.

그런데 재단에 합류할 때만 하더라도 김대중 대통령께서 다시 정계에 복귀할 것이라고 생각하지 못했어요. 그럴 줄 알았다면 저는 아태평화재단에 합류하지 않았을 거예요.

그때 저는 전혀 정치에 뜻이 없었거든요. 사실 당시에도 제 앞에는 커다란 선택의 길이 놓여 있었어요. 독일 유학을 앞두고 있었는데 좋은 환경에서 가족들과 함께 체류할 수 있는 조건이었습니다.

제가 그것을 포기하고 재단에 합류한 것은 평화와 통일에 대해 기여를 하고 싶다는 마음 하나뿐이었습니다. 하루는 대학원 지도 교수님을 찾아가 논의를 드렸습니다. 그때 교수님께서 만류를 하실 거라 예상했어요. 저는 학계에서 소장학자로 차츰 인정을 받고 있었고, 또 교수님께서는 저를 수제자처럼 여겼으니까요.

그런데 의외로 교수님은 제게 정치의 길을 권유하시더라고요. 제가 하고 싶은 것, 제 마음이 움직이는 곳을 선택해야 후회하지 않을 것이라면서요. 돌이켜보면 당시의 제가 미처 발견하지 못했던 제 내면의 정치적 욕구와 새로운 정치의 세계를 이미 교수님은 보고 계셨던 것 같아요.

이후 김대중 대통령이 대선에 출마하고 선거 캠프가 차려질 무렵에도 내적 갈등이 심했어요. 당시 제가 서울의 모 대학에 임용되기 직전이었거든요. 대학교수냐, 정권 교체냐. 이 고민을 풀기 위해 대학 캠퍼스를 100바퀴 정도 걸었던 것 같아요. 스스로에게 묻고 또 물었어요. 오랜 고민 끝에 저는 교수직을 포기하고 김대중 대통령과 함께했습니다. 다 헤아릴 수 없이 많은 것을 배웠어요. 살아 있는 역사의 현장에서의 평화와 통일, 정권 교체, 민주주의에 대해서 그리고 개인적 꿈 대신 소명을 택했을 때 오히려 더 큰 꿈이 찾아온다는 것에 대해서요. 아마 이게 제 정치의 시작일 겁니다.

:: 최 동지, 정치는 안 하겠다고?

_____ 김대중 대통령 곁에는 많은 인물들이 있었습니다. 그 가운데서도 두터운 신임을 독차지하셨는데 대통령께서는 본인의 어떤 점을 높이 평가하셨다고 보십니까?

_____ 글쎄요. 저는 어려서부터 늘 평범한 모습뿐이었는데 어쩌다 김대중 대통령 같이 특별한 분의 눈에 들었을까요. 사실 이것은 제가 스스로 묻고 싶은 질문이기도 합니다. 대통령 선거가 치러지기 전에 여의도 모처에서의 한 일화가 떠오릅니다. 저는 당시 재단 내부에서

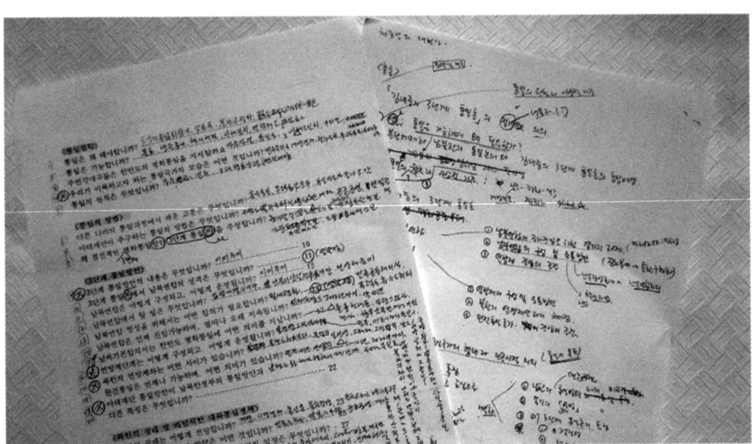

김대중 대통령께서 아태평화재단 이사장으로 재임하셨던 시절이었어요. 30대 초반의 젊은 박사였던 제게 친필 메모로 '김대중의 3단계 통일방안'과 '햇볕정책의 체계화' 작업을 가장 먼저 지시하셨어요. 해방 이후 최초의 여야 간 정권 교체, 역사적인 남북정상회담 성사의 기원이 되어준 순간이었다고 믿고 있습니다.

일부 생겨났던 욕망어린 불협화음, 권모술수 같은 것에 큰 불만을 품고 있었어요.

그래서 조금 강한 어조로 조언을 드렸어요. 그랬더니 DJ께서 저에게 "최 동지, 그렇게 해서 정치를 어떻게 해"라고 하시는 거예요, 그런데 저도 당시에는 꽤 당돌했던 것 같아요. 그 말씀에 "이사장님, 저는 정치 할 생각은 없습니다"라고 답을 드린 기억이 있어요.

아태평화재단 활동 내내 김대중 대통령께서는 저에게 무한한 신뢰를 보여주셨어요. 어떻게 하면 줄을 설까, 잘 보일까, 하고 정치적 궁리에 빠져 있던 사람들 사이에서 저를 보시니까 더욱 크게 아껴주신 것 같아요. 지금 생각해보니 무슨 배짱이었는지 모르겠네요.(웃음)

이후 DJ께서는 제가 제시해드리는 정치적 논리나 정책적 제안을 완벽하게 자신의 것으로 만들어 소화해주셨어요. 이전까지의 제가 상아탑에서 인간 역사의 도전과 응전의 과정을 연구해왔다면, DJ와 함께하고 나서부터는 역사의 진보를 실제로 구현해나가는 입장이 된 것이지요. 주인의식도 함께 높아졌고요.

당시 김대중 대통령을 '선생님'이라 부르며 함께 보좌하셨던, 지금은 비중 있는 정치인으로 성장하신 분들에게 들은 이야기가 있어요. "눈빛만 봐도 DJ께서 어떤 생각을 하시는지 최성은 알고 있다"는 것이었습니다. 가까이에서 본 DJ는 어떤 분이셨습니까?

_____ 그분께서는 역사와 민주주의, 정의와 평화를 위해 자기 목숨을 던진 담대한 지도자였지요. 그렇게 자신을 변화시켜 나가셨어요. 자기 철학과 비전이 굳건한, 말 그대로 인동초(忍冬草)셨죠. 그러면서도 보통의 사람들이 가지고 있는 두려움과 공포, 욕망과 유혹까지도 충분히 잘 알고 계셨어요. 그렇기에 현실 속에서 본인의 품은 뜻을 아주 세심하고 자상하게 전달할 수 있었지요. 당시 김대중 대통령께서는 아놀드 토인비의 "역사란 도전에 대한 응전이다"라는 말씀을 자주 하셨는데요. 네 차례나 죽을 고비를 넘기면서 민주화운동의 선봉에 서고 남북 간 군사적 대결구도가 고조될수록 평화운동에 나섰던 것은, 결국 토인비의 말처럼 끊임없는 도전과 응전으로 행동하는 양심을 실천하신 것이지요.

또 한 가지 강조하고 싶은 것은, 그분은 가슴이 따뜻하고, 책을 늘 가까이하고, 토론을 즐기는 상당히 합리적인 분이라는 점이에요. 아태평화재단을 창립하시고 자신의 통일방안을 체계화하는 작업을 서울대 한상진 교수님과 박종화 목사님 등과 함께했던 때가 기억나는데요. 하루 종일 미동도 하지 않으시고 쟁점사안에 토론하고, 메모하고, 경청하시면서 1박 2일 동안 작업을 계속하셨지요. 그런 분이셨어요. 제가 만난 수많은 정치인과 지도자 중에서 가장 제 의견을 경청하고 가장 많이 저의 의견을 정책에 반영해주신 분이에요. 아직까지 저는 이런 분을 보지 못했습니다.

:: 정치를 읽다

_____ 젊은 시절, 정치에 뜻이 없었다고 하셨습니다. 그런데 고려대학교에서 정치외교학을 전공하셨습니다. 이 선택에 대해 궁금합니다.

_____ 제 꿈은 정치학자가 되는 것이었어요. 대학에 남아 연구하고 교육하는 삶을 살고 싶었습니다. 외무고시를 준비한 것도 제 꿈에 다가가기 위한 한 노력이었습니다. 다행스럽게도 대학 4학년, 생각보다 이른 시기에 외무고시 1차 시험에 합격을 했어요.

그런데 문제는 2차 시험이었습니다. "전두환정부의 통일 방안에 대해 논하라"라는 지문이 나왔는데 답을 적을 수가 없었습니다. 시험 중에 펜을 놓아버렸지요. 합격을 위해서는 출제 방향에 맞는 답을 적어야 하는데 그것은 또 제 철학과 신념에 반하는 것이었으니까요. 그 일로 외무고시는 깨끗하게 포기했습니다.

＿＿＿＿　외무고시 합격이라는 목표가 눈앞에 가까이 있었을 텐데 아
쉽지는 않으셨습니까?

＿＿＿＿　당시 제가 순진했던 것인지 혹은 천성이 그런 것인지, 포기
를 한 후에는 전혀 마음이 쓰이지 않았습니다. 다만 한 가지 아쉬웠
던 것은 고시를 준비하느라 상대적으로 학점 관리를 잘 못 했다는
것이었어요. 당시 제가 '현대아산 장학생'으로 장학금을 받고 있었는
데, 이전 학기 일정 수준의 학점을 넘어야 다음 학기에도 받을 수 있
는 제도였어요. 고시를 준비하느라 기준 학점을 넘기지 못했던 적이
있어요. 집안 형편이 넉넉하지 않은 저로서는 큰 타격이었습니다.

아시다시피 당시 대학가는 독재정권의 횡포가 가장 적나라하게
나타나던 곳이었지요. 학우들의 투옥, 분신 그리고 이에 굴하지 않는
반독재 민주화운동으로 대학가의 1980년대가 흘러갔어요. 운동권
친구들을 가까이 만난 것도 이 시기입니다.

왜 당시 운동권이라는 단체들도 학생과 노동운동 진영에 여러
노선으로 분화되어 있지 않았습니까. 다양한 입장을 가진 운동권
친구들과 특정 사안에 대해 끊임없이 묻고 토론하고 그들의 이야기
를 종합적으로 판단해 다시 내 것으로 이해하는 과정들을 경험했어
요. 주로 진보적 학술운동 영역에서 활동했지요. 학내에서 열리는
시위에 한 번도 빠짐없이 참여했고 일일 찻집을 열어 분신한 후배

의 추모제를 열어주거나 투옥된 친구에게 영치금을 넣어주기도 했고요.

_____ 이후 대학원에서는 어떤 것을 연구하셨습니까?

_____ 대학원에 진학해서는 전공을 통일 문제로 정했습니다. 당시 제가 썼던 석사 논문이 모택동과 그람시를 비교 연구하는 것이었어요. 조금 깊이 말씀드리자면 당시 주된 사회주의 연구는 마르크스-레닌주의 혹은 스탈린주의가 주류였거든요. 선행 연구가 거의 없었던 나름 새로운 시도였다고 생각합니다.

이후 박사 논문은 북한 체제에 대한 것이었습니다. 요약하자면 보다 근본적인 사회주의의 시각으로 북한 체제를 비판하는 내용이었어요. 북한의 수령체계가 어떻게 형성되었고, 비교사회주의적 관점에서 볼 때 개인숭배나 부자세습 그리고 봉건적 스탈린주의에서 오는 여러 가지 반민주-반민중적인 현실을 가감 없이 강력히 비판했어요. 당시로서는 파격적인 논문이었고, 제법 주목도 받았어요. 어떤 입장, 진영에서도 쉽게 반박하거나 공격할 수 없는 주제였다고 생각합니다. 한반도 평화정착과 통일준비 측면에서도 반드시 필요한 선행연구이기도 했고요.

_____ 이후 사회에 첫발을 디딘 것이 기독교사회문제연구소라는 단체였습니다. 이것은 종교적 신념에 따른 것이었습니까?

_____ 모태부터 시작된 제 신앙이 기독교인 것은 맞습니다. 하지만 종교적 신념으로 연구원 생활을 시작했다고 하는 것보다는 그곳에서 활동하며 제 신념을 공고히 하고 신앙을 깊이 있게 접했다고 말하는 것이 더 정확할 것입니다.

당시 기독교사회문제연구소는 에큐메니컬을 지향하는 단체답게 크리스천이면서, 특정한 계파에 속하지 않은 사람을 찾고 있었습니다.

제가 그 기준에 잘 부합했던 거지요. 저는 그곳에서 존경할 만한 사상가와 종교인분들을 많이 접했습니다. 현재 경기도 교육감이신 이재정 신부님, 김상근, 박종화 목사님, 권호경 KNCC 총무님, 이우정, 박영숙 여사님 등 우리 시대의 어른이라 불리는 분들을 모두 그곳에서 만나 뵈었어요. 일본군 성노예 피해자 문제에 대한 인식도 당시에 더욱 깊어진 것이고요.

_____ 정치학과 북한학을 연구하는 학자로서 연구소에서는 어떤 일들을 하셨고, 향후 행보에 어떤 영향을 미쳤나요?

| 도전에서 소명으로 |

당시는 민중신학, 해방신학, 통일신학 등에 대한 논의가 가장 뜨겁게 진행되던 시기였습니다. 이 땅을 살아가는 민중들의 대변자로서 해야 할 종교의 역할에 대해 토론하고 이것을 평화통일 운동과 노동운동, 농민운동 등 현실적 실천 방안으로 전환하는 노력을 기울였습니다. 자본주의와와 사회주의의 민중변혁이론을 대학원에서 접했다면 이곳에서는 민중과 현실 그리고 실천적 과제라는 것을 화두로 맞이하게 된 것이지요. 이 시기의 경험이 제 삶의 큰 자산이 되었다고 생각합니다.

정치인들은 이상만 제시해서는 안 된다고 생각합니다. '서생적 문제의식'과 '상인적 현실감각'을 겸비해야 한다는 김대중 대통령의 말씀처럼 현실에 대한 인식이 빠져 있으면 이상이라는 것은 다 무용한 것이잖아요.

청와대에 있을 때, 국회의원이었을 때, 시장직을 수행하는 지금도 항상 제가 유념하는 것이 바로 이것입니다. 특정 사안을 바라보는 다원적인 시선과 중립적인 판단 그리고 현실을 개선할 수 있는 실천적 고민을 함께 해야 한다는 것이지요.

그래서 그간 정치인들이 숱하게 이야기했던 '역사와 민족을 위해' 같은 두루뭉술한 수사를 가장 싫어합니다. TV토론 대책팀장으로 역사적인 정권 교체를 이룩할 때 제가 김대중 대통령께 강력하게 말씀드린 것도 그런 것이었습니다. "후보님, 김구 선생님이나 공자, 맹

자님 이야기는 그만 줄이시고 내면에 있는 인간적 면모와 정치인으로서의 희망사항을 진솔하게 말씀해주십시오"라고 말이지요. 민족의 지도자로서의 면모야 많은 국민들이 알고 계셨던 것이었으니까요. 그 후 김대중 대통령에 대한 국민들의 인식도 크게 변화되었지요.

두 번을 지고,
여덟 번을 이기다

:: 승리의 시작

_____ 본격적인 질문에 앞서 이 부분을 짚고 넘어가야 할 것 같습니다. 김대중정부 출범 직후 36세의 나이에 청와대 국장으로 일하셨어요. 지금으로 쳐도 상당히 젊은 나이인데요. 이 이력이 이후 맞이할 승리에 중요한 밑거름이 되었을 듯합니다.

_____ 오늘의 저를 있게 했던 인생의 전환점이라고 생각해요. 김대중이란 역사적 거인을 통해 끊임없는 배움의 시간을 가졌다면, 청와대에 들어간 시기부터는 그동안 갈고닦은 것들을 국정운영의 현장

김대중, 노무현 두 정부의 대통령직인수위원회에 참여하는 행운을 얻었어요. 김대중정부에서는 외교안보통일위원회에서, 노무현정부에서는 정무위원회에서 개혁정치와 한반도 평화정착을 위한 청사진을 마련했습니다. 민주당 대선 경선까지 쉬지 않고 도전해온 제 삶에 소중한 경험이 되어준 시간들이지요.

에서 본격적으로 펼쳐놓게 된 것이지요. 특히 이 시기에 1차 남북정
상회담 준비접촉 대표단에 전략담당 보좌역으로 참여하며 역사적인
남북정상회담을 성사시킨 일과 IMF 외환위기 당시 국제협력을 위해
했던 노력들이 크게 기억에 남아요. 노무현 대통령께서 당선되시기
직전에는 정무기획실로 옮겨서 당시 민주당과 청와대의 가교역할을
했고요.

돌이켜보면 두 대통령의 역사적인 순간을 직접 목도하고 개혁
작업에 함께 참여할 수 있었다는 사실이 얼마나 값진지 몰라요. 김대
중, 노무현 두 정부의 대통령직인수위원회에 참여하는 행운을 얻었
으니까요. 큰 자산이지요. 주변 분들의 이야기처럼 관운이 참 좋다는
것에 늘 감사하며 살아가고 있습니다.

_____ 지난 민주당 경선 때 8승 1패의 전적을 가지고 있다는 말을
하셨지요.

_____ 그 말을 꺼내게 된 이유가 있어요. 연습 삼아 대선 경선에 나
온 것이 아니라는 취지에서 드린 말씀이거든요. 제가 출마 선언을 했
을 때, 적지 않은 분들이 "최성은 도대체 누구야?" 하고 물으시더라
고요. 고향 광주의 언론인들조차 그렇게 물으시는데 상당히 당혹스
러웠습니다. 그래서 "제가 올인한 선거에서 8승 1패의 전적을 가지

고 있다"고 비장하게 답변을 했던 것입니다.

_____ 이 승패의 기록은 어떻게 되나요?

_____ 첫 번째 승리는 김대중 대통령께서 아태평화재단 이사장으로 재직하던 시절이었어요. 조순 서울시장 선거에 핵심 참모로 들어가게 되었습니다. 여론조사 및 선거전략 수립, 선거 지원 역할을 맡았고요. 승리가 거의 불가능한 상황에서 제3후보로 무소속 돌풍을 일으켰던 박찬종 후보를 상대로 막판 대역전을 했던 경험이 있어요.

_____ 다음 승리에 대한 이야기가 기대되는데요.

_____ 두 번째 승리는 제 인생 최대의 터닝 포인트였어요. 해방 이후 최초의 정권 교체. 저는 당시 김대중 후보의 안보 보좌역과 TV토론 대책팀장으로 캠프에 있었어요. 김대중 대통령께서 정계를 은퇴하시고 아태평화재단를 설립한 이후부터 청와대에 입성하시기 전까지, 4년 동안 지근거리에서 외교 안보, 방송 언론, 그 밖의 선거에서의 전략과 전술 등 다양한 분야를 총괄했거든요. 그 선거도 대역전승이었고요. 평생 잊을 수 없는 감격스러운 기억이죠.

세 번째 승리는 노무현 대통령의 당선, 저는 그때 노 대통령의 정책 자문 그룹에서 극적인 승리를 도왔습니다. 네 번째 그리고 다섯 번째 승리는 17대 국회의원 선거입니다. 당시 저는 고향인 광주를 포기하고, 단 한 명의 연고도 없는 경기도 고양시에서 정말 힘든 경선과 본선을 펼쳤습니다. 중앙정부 차관 출신의 토박이였던 경쟁자를 지역에 자리잡은 지 불과 6개월도 채 안 된 40대 젊은이가 경선에서 극적으로 승리한 것이지요.

이후 역시 지역 토박이 출신의 현역 의원을 본선에서 크게 이긴 것도 대한민국 정치사에 유례가 없을 겁니다. 단 한 명의 연고도 없는 지역에서 정치초년생이 거물급 토박이들을 연달아 이겼으니까요. 더구나 당 지도부의 전략공천이 아니라 제 스스로 험지를 선택한 매우 무모한 도전이었거든요. 지금 생각해보면 당시 경쟁했던 후보들이 저마다 청와대와 각 계파 수장들의 특별한 도움을 많이 받고 있었지요.

_____ 당과 지역에 기반이 전무했던 후보로서 힘들었던 점은 없었는지요?

_____ 당연히 있었지요. 당시 당내 경선 과정에서 중앙과 지역의 유력 정치인이 막판에는 소위 '낙하산 인사' 혹은 '영입 인사'에 대한 지원으로 돌아서고, 전략공천으로 경선 자체가 무산될 위험성까지 발생했는데요. 당사 앞에서 철야농성과 삭발투쟁을 할 태세를 갖추

는 데까지 이르러 겨우 경선을 치를 수 있었습니다.

만약 그때 전략공천이 이루어져 경선이 무산되었다면 저는 삭발농성을 하다가 정계입문을 포기했을 것입니다. 그러고 보면 정치에도 운이 많이 따라야 하는 것 같아요.(웃음)

_____ 그 이후 뼈아픈 패배가 찾아왔어요.

_____ 다섯 번째 승리 이후, 그러니까 18대 총선 때 재선 국회의원에 도전했을 때입니다. 노무현정부에 대한 심판론이 한창 제기되던 상황이었는데, 3,500표 차이로 분패했어요. 상대 후보는 1997년 대선 당시 대기업에 불법정치자금을 모금한 이른바 '세풍사건'에 연루되어 구속된 이력까지 있었어요.

반면 당시 저는 7차례에 걸친 국정감사 우수의원으로서 그 어떤 국회의원보다 청렴하고 성실하게 의정 활동을 마쳤던 상황이었는데, 정치에 대한 어떤 환멸감이 일었죠. 다섯 번의 승리 이후 겪은 첫 패배는 제 정치인생에 있어서 가장 큰 교훈을 가져다준 '승리보다 값진 패배'였어요. 인생관과 정치철학 그리고 대인관계 등에 있어서 혁명적인 변화를 가져다준 것이지요.

　　　　　　　

:: 패배가 건네준 선물

______ 첫 패배 이후 어떤 변화가 있었습니까?

______ 패배한 이후 1주일 동안 집 밖을 나가지 못했어요. 능력은 부족했으나 치열한 노력으로 기대 이상의 성적을 내며 승승장구해 왔는데 완전히 망가지고 부러진 거였죠. 세상은 캄캄하고 앞도 보이지 않았어요. 한동안은 눈물이 많이 나더군요. 단순한 패배의 슬픔은 아니었어요. 4년 동안 쏟아부은 열정을 마주할 면목이 없었어요. 재선이 되었을 때 펼치고자 했던 꿈은 산산히 조각났고요. 잠깐이었지만 제가 너무도 믿고 사랑했던 시민에 대한 믿음이 흔들리기도 했어요. 잘 마시지도 못하는 술을 그렇게나 자주 들이키던 날이 일주일 동안 이어졌던 것 같아요.

그렇게 시간을 보내고 나니 패배의 원인이 보이더라고요. 철저히 제 자신에서 원인을 찾았지요. 청와대와 국회에서 일했던 10여 년의 정치경력으로 인해 저도 모르는 사이 자만감이 제 머리와 가슴에 똬리를 틀었던 것 같아요. 그러다 보니 절박한 소명의식, 도전의식 같은 부분이 부족했던 것이지요.

자만에 대한 경고는 국회의원 시절부터 있었더라고요. 당시 이해찬, 한명숙, 김무성, 홍준표, 남경필 등 대권후보들이 즐비했

던 통일외교통상위원회에 4년을 내리 일했는데, "지역구 민원이
나 현안과는 무관한 통일, 외교, 안보 관련 상임위에서만 4년을 일
하면 재선이 어려우니 교육이나 복지쪽 상임위로 가라"는 선배
의원의 조언을 보기좋게 무시하기도 했어요. 워낙 통일 문제에 대
한 열정이 강했고, "성공하려거든 한 분야에서 최고의 전문가가
되라"는 김대중 대통령의 말씀을 실천하기 위한 목적이 가장 컸
기 때문이에요.

그렇게 반성의 시간을 보내며 1년 반을 백수로 지내는 동안 새
로운 도전을 찾아 나섰어요. 수백 권의 책을 읽으며 공부를 거듭했고
출판기획사 경영을 맡아 일하기도 하며 다음을 준비했어요.

_____ 이후 선택한 길이 고양시장이었습니까?

_____ 맞아요. 재선 국회의원의 길을 포기하고 100만 도시 고양의
시장직에 도전했어요. 3선에 도전하는 시장을 상대로 두 차례의 본
선 승리를 거두었고, 그중에 한 번은 치열한 당내 경선을 거쳤고요.
그렇게 총 여덟 번 이긴 것이네요.(웃음)

_____ 그런데 이번 경선 패배로 패를 하나 추가하셨어요.

17대 국회의원 시절, 초선이었지만 국회개혁초선연대와 남북교류협력의원모임을 초당적으로 이끌었습니다. 고양시장 선거 때에도 야5당과 시민단체들의 단일후보가 되었고요. 아마도 정당정치사에서 최초가 아니었을까 싶어요. 정치개혁과 남북협력, 풀뿌리자치분권을 위해서는 여야를 따져선 안 됩니다.

패를 추가했지만 8승 이상의 가치가 있었죠. 0.3퍼센트의 참혹함을 넘어선 아름다운 패배. 이제 다가오는 내년 지방선거와 이후에 있을 또 한 번의 도전에서는 반드시 승리를 거두고 10승을 달성해야지요. 자신 있습니다.(웃음)

이번 경선의 패배 원인을 꼽아보신다면요.

일단 가장 큰 원인은 제 자신이지요. 20 년 가까이 정치를 했는데도 이번에 새로 배우게 된 것들이 많습니다. 굳이 '권모술수' 같은 마키아벨리의 정치학개론까지 떠올리고 싶지는 않지만 어쨌든 핵심 지지층의 결집을 통한 조직화 과정 없이 큰 정치는 불가하다는 것을 체감했습니다. 핵심적인 동지들의 참여를 모으는 것이 부족했어요. 그간 지나치게 학자처럼 정치를 해온 것은 아닌가 하는 깊은 반성도 했고요. "머리 끝부터 발끝까지 반성하고 혁신해보자"라는 결심도 했습니다.

또 하나 경선 과정에서 뼈저리게 느끼게 된 것은 언론의 위력입니다. 호남 경선을 앞두고 있을 때 일부에서는 제게 문재인 후보를 공격하라고 했습니다. 그러면 분명 언론이 대서특필로 다루며 제 존재감을 부각시켜줄 것이라나요. 하지만 그런 왜곡된 방법을 택할 수는 없었습니다. 이후 여전히 저는 SNS상에서의 뜨거운 관심에도 불구하고 언론의 관심 밖으로 철저히 소외되었고요.

옳든 그르든, 좋든 싫든 지지층을 결집하는 조직의 힘과 언론이 얼마나 큰 영향력을 갖고 있는지, 더 잘 알게 되었습니다. 큰 참모 역할을 수행했던 15대 대통령 선거를 시작으로 저는 그간 여덟 번의 선거에서 승리했고 성공했습니다. 그런데 이 모든 승리와 성공을 합친 것보다도 이번에 겪은 1패가 훨씬 더 소중합니다. 정치의 오묘함은 여기에도 숨어 있는 것이겠지요.

_____ 대선 경선의 패배가 남긴 가장 큰 교훈은 무엇인가요?

_____ 경선 기간이 제게는 세 달이 아니라 한 달이었어요. 이 한 달 동안 내가 보여줄 수 있는 모든 걸 보여줬다고 생각합니다. 미련이 없어요. 제가 든든한 조직이 있었던 것도 아니고 자금이 풍족했던 것도 아니었기에 그야말로 혼자 싸웠거든요. 그렇게 혼자 당당하게 싸워낸 제 스스로가 조금 대견하다고나 할까요.

당장의 승리나 가시적 성과에 집착하지 않고 스스로의 소명을 향해 진정성 있는 행보를 이어나가는 것이 중요하다는 교훈을 얻었어요. 어렵고 힘들었지만 완주 끝에 얻은 무형의 자산도 크고요. 앞으로 제 인생에 어떤 위기와 시련이 온다 하더라도 이번만큼은 아닐 것이라는 자신감도 생겼습니다. 그래도 이왕이면 아름다운 패배보

다는 아름다운 승리를 향해 다시 뛰어야지요. 전당대회장에서 권역
별로 최종 지지율을 발표할 때의 순간을 생각하면 지금도 끔찍합니
다.(웃음)

:: 새로운 길을 찾다

_____ 보통 기초자치단체장은 국회의원보다 한 단계 낮은 것으로
인식됩니다. 국회의원이 아닌 같은 지역의 지자체장 선거에 나선 이
유가 있다면요?

_____ 청와대나 국회의원처럼, 국정을 기획하고 견제하고 혹은 제
안하는 것이 아니라, 행정 집행의 책임자로서 직접 인사, 조직, 정책
등을 총괄하면서 아름다운 작품을 만들고 싶었어요. 구체적인 성과
도 내고 싶었습니다. 더 큰 꿈을 꾸었다고 할 수 있겠네요.

17대 국회의원 생활을 하다가 느낀 것인데, 아무리 청문회 스타
가 되고 국감 우수 의원 7관왕이 되어도 국민들은 국회의원을 정치
적·정략적 대변인 정도로 이해하던 것도 하나의 이유였고요.

당시 고양시는 인접해 있는 파주보다도 더 정체되어 보였고, 인
구 100만을 눈앞에 두고 있었지만 서울의 베드타운으로 전락하면서

역동성을 잃은 도시처럼 보였어요. 많은 시민들도 그렇게 평가했었고요.

그래서 100만 도시에 혁신의 바람을 한번 일으켜보자, 이렇게 된 거예요. 청와대와 국회의원 경험을 살린다면 그리고 온 열정을 다 바친다면 고양시에서의 성과를 토대로 미래에 더 큰 정치에 도전할 수 있겠다는 판단도 했고요. 더 솔직히 표현하자면 고양시에서 '정치혁명'과 '혁신행정'을 펼치며 대한민국의 정치판을 '확' 바꾸어보자는 도전의식이 생겼어요. 지금도 이런 꿈은 제 마음속에서 당시보다 더 뜨겁게 타오르고 있습니다.

_____ 어떤 시정 철학으로 지금까지 오셨나요?

_____ 국회의원 재직 시절 저의 정치철학에 대해 누군가 질문한 적이 있어요. 저는 정치학을 전공했고 '지구적 민주주의 혹은 적극적 평화사상'과 같은 김대중 대통령의 거대 담론을 배워왔지만, 무엇보다 '겸손과 배움의 철학'이 가장 중요하다고 답변했어요. 지금도 마찬가지예요.

겸손하면 세상 사람들의 이야기를 경청하게 되고, 배움의 자세가 있으면 안주하지 않고 끊임없이 자신을 혁신해나가기 때문에 정치적인 오만과 독선이 자리할 여지가 별로 없어진다는 사실을 체득

해왔습니다.

시정철학이라고 하면 '사람 우선의 시민제일주의'라고 종종 이야기하고, 또 모든 시정의 근본이 되어야 하는 명제이지요. 고양시의 첫 슬로건이기도 하고요. 그러나 실제 시정을 펼치는 철학의 뿌리는 '역지사지(易地思之)'에서 출발합니다.

서로의 입장을 거꾸로 생각해보는 일은 일방적인 갑을(甲乙)관계를 무너뜨리고 다양한 가능성을 열어주지요. 즉 시정운영에 있어 합리적이고 균형잡힌 선택을 할 수가 있게 되어요. 사회적 약자에 대한 배려와 사회안전망의 강화가 필요한 것은 당연한 이야기지요. 기능적으로 봐도 사회갈등 비용을 줄이고 더 많은 사람에게 더 많은 기회를 주는 것이기 때문에 장기적으로 국가경제 발전에도 매우 중요한 요소이기도 하고요. 그렇게 시정에 임하다 보니 선거전략적으로 요구되는 특정 사업을 집중해서 홍보하는 일을 지양하게 되고, 조금은 노출이 덜 되더라도 시민 전체가 혜택을 받을 수 있는 보이지 않는 정책들에 더 눈길이 가는 것이 사실입니다.

_____ 말씀하신 철학을 토대로 목표로 삼은 시정운영 목표가 있다면요?

_____ 시민 모두가 행복한 '삶의 질 최고 도시'가 되어야 한다는

것이 첫 번째 목표였습니다. 창조적인 교육 환경을 제공하고, 쾌적한 주거 환경과 교통 여건을 마련해서 대한민국 국민들 모두가 살고 싶은 도시를 만들자는 것이었어요. 이미 전국에서 가장 살기 좋은 도시로 선정이 되었고, 교육 환경과 주거 환경 분야에서 1위를 하는 등 최고 수준의 삶의 질을 제공한다고 평가받고 있어요.

_____ 안전에 대한 문제도 빼놓을 수 없는데요. 세월호 참사에서 보여준 박근혜정권의 대응은 "이게 나라냐?" 하는 국민적 분노를 자아냈어요. 최근 수학능력시험을 연기할 정도로 잇따라 발생한 포항 지진과 인천 낚싯배 참사, 제천 스포츠센터 화재 등 국가적 재난안전 관리체계의 중요성도 높아지고 있고요.

_____ 삼풍백화점과 성수대교 붕괴에서부터 세월호와 메르스 사태 그리고 포항 지진에 이르기까지 국가적 재난은 어느 정권에서나 발생할 수 있습니다. 고양시에도 세월호 사고 직후 고양터미널 화재 사건이 발생했어요. 제가 드리고 싶은 말씀은 사고를 예방하는 일 다음으로 중요한 것은 재난을 대처하는 국가의 위기관리체계를 지속적으로 보완하는 것입니다.

김대중정부에서는 청와대 외교안보수석실에서 을지훈련을 비롯한 북한의 대남도발시 시민안전 대피훈련을 점검했고, 노무현

정부에서는 알카에다에 의해 김선일 씨 참수테러사건 발생 이후 테러위협을 비롯한 국가 위기관리체계 전반을 꼼꼼하게 살핀 것처럼요.

저의 경우는 재선 시장으로 일하는 8년여 시간 동안 일상적으로 발생하는 크고 작은 재난을 대응하고 극복하며 10대 수행원칙을 마련했습니다. 재난 발생 이전의 시민교육 단계에서부터 재난 발생 시 골든타임의 중요성과 효율적인 재난관리체계 점검을 민·관·군·경 합동으로 실시했습니다. 재난안전 분야에서는 행안부는 물론 전국 지자체 평가단에서조차 고양시의 위기관리 매뉴얼을 높이 평가해주고 있어요. 특히 최근 이낙연 국무총리께서 주재하신 전국 지방자치단체장 화상회의에서도 총리께서 고양시의 10대 재난대응수칙을 전국에 설파하라고 지시하셨어요.

_____ 10대 원칙을 간략히 소개해주세요.

_____ 골든타임 내 적절한 초기대응이 첫 번째이고요. 더불어 종합상황실이 총체적인 현장 통제력을 확립하는 일입니다. 또 재난대응 과정에서 발생할 수 있는 돌발적인 리스크를 대비하고 현장 책임조직과 유관기관의 전문적 과업수행을 최우선으로 하고 있어요.

다음으로는 현장수칙 및 규정을 적용하는 데 유연성을 확보하는 일이고, 재난상황에 따른 의사결정에 있어 전문성과 분권화를 이루는 것이지요. 재난 예방을 위한 사전, 사후활동 및 종합적 위기관리 대책 마련도 필요하고요.

이 10대 원칙은 이 분야 최고의 권위자로 평가받는 한양대 김태윤 교수님의 논문에 수록된 원칙을 고양시에 적용하고 현실에 맞게 수정보완한 것인데요. 오래전부터 국방부를 비롯한 유관기관에 전달해왔고 전국 지자체 차원에서 벤치마킹 대상이 되고 있어요.

이 밖에도 고양시 자체적으로 스마트폰 통합앱을 개발해서, 재난상황실 관련 앱은 물론 일자리 기업정보, 교통, 관광, 도서관, 보건소 등 시정 전반에 대한 정보를 제공하고 있어요. 국내외 IT 전문가들과의 미팅에서 제가 종종 "고양시는 스마트폰 시티다"라고 말하곤 하는데요. 세계 최초의, 최고의 스마트폰 시티. 듣기만 해도 흥분되는 일 아닌가요? 제가 꿈꾸는 고양시의 미래입니다.

——— 복지에 대해서도 어떤 철학을 갖고 계신지 궁금합니다.

——— 지금 세계는 적자생존의 무한경쟁 체제로 인해 모든 것이 시장경제에 의해 결정되고 있어요. 존재 자체가 '목적'이 되어야 할 인간이 '수단'으로 전락하고 있는 것이 현실이에요. 그러다 보니 사

회 · 경제적 불평등이 자연히 따라오는 것이고요. 특히 이명박 · 박근혜 정권은 대기업과 일부 특권층 중심의 국가발전전략을 내세우며 저소득층과 장애인 그리고 어르신을 비롯한 사회적 약자들을 생존의 문턱에서 허덕이게 만들었어요. 매우 불공정한 구조였던 것이지요.

따라서 새로운 대한민국 건설은 모든 국민들이 함께 누리는 포용적 복지국가를 지향해야 합니다. 이 과정에서 불평등이 심화되는 현실을 바로잡고 복지국가 체제를 강화해나가야 해요. 핵심적인 전략과 그 방향은 문재인정부의 국정기획과제에 잘 반영되어 있는데요.

첫째, 아동수당, 청년구직촉진수당 도입, 기초연금액 인상 등 생애주기별 소득지원제도 등을 통해 기본적인 소득을 보장해야 하고요.

둘째, 보편적 의료보장 및 의료의 공공성 강화를 통해 소득과 지역에 관계없이 양질의 의료서비스를 누구나 이용할 수 있도록 해서 건강한 삶을 지원해야 할 것입니다.

셋째, 은퇴세대를 위한 적정한 공적 연금 및 일자리 지원, 치매국가책임제 등을 통해 건강하고 품위 있는 노후를 보장해야겠지요. 요람에서 무덤까지 누구나 공동체의 보살핌을 받는 복지국가의 근본정신을 실현해나가야 합니다.

다시 말해서 더 포용적이고 적극적인 복지국가를 지향해야 한다는 것이에요. 이에 대한 중앙정부의 책임과 역할은 매우 중요해요.

고양시의 경우를 보더라도 2조에 가까운 예산에서 복지예산을 무려

45퍼센트 가까이 투입하고 있는데도 여전히 복지 사각지대가 곳곳

에 존재하고 있거든요.

문재인정부가 기본적인 방향성을 잘 잡아가고 있기 때문에, 연

방제 수준의 자치분권 개헌과 연결해서 중앙정부와 지방정부 간의

협치적 복지네트워크를 잘 운영해야 하는 과제가 남아 있다고 볼 수

있습니다.

____ 그렇다면 고양시 차원의 복지와 교육은 어떻게 추진되어왔

는지요?

____ "국가는 시민의 인간다운 삶을 보장해야 한다"는 말처럼 복

지는 국가의 의무이자 시민의 권리지요. 복지를 확대하는 것은 시

민이 비인간적인 상황에 처하는 것을 방지하고, 향후 투자될 복지

비용을 줄여줄 뿐만 아니라, 경제활성화와 국가경쟁력 강화에도

도움을 줍니다. "실패할 수 있는 권리"라는 말에서 알 수 있듯, 생

계 걱정이 사라지면 마음껏 도전할 수 있는 환경이 만들어지기 때

문입니다.

고양시의 경우는 '따뜻한 복지 도시', '창조적인 혁신 교육 도시'

이렇게 시정 목표를 정했어요. 저소득층과 장애인, 어르신, 여성 등 사회적 약자를 위한 촘촘한 복지 시스템을 구축하는 데 집중했고, 청소년부터 어르신에 이르는 평생교육 시스템이 잘 마련되어 있어요.

특히 '복지 나눔 1촌 맺기'라는 복지 거버넌스 체계를 일찍이 구축했는데 여기에는 기업인과 종교인 그리고 시민사회단체가 종합적으로 연계되어 있습니다. 복지 예산도 총 예산의 40퍼센트가 넘고요. 그렇다 보니 노인일자리 창출 전국 3관왕을 차지하기도 했고, 민관복지협의체나 꿈의 장애인 버스와 같은 다양한 '고양형' 복지 사업이 전국 자치단체의 벤치마킹 대상이 되고 있어요.

창조적 평생교육정책 역시 타 지자체의 경우 초중고 교육을 담당하는 교육청, 대학교, 일반 평생교육을 담당하는 시청이 이원화되어 있어 생애 주기별로 체계적인 혁신 교육을 제공하지 못하는 한계를 가지고 있습니다. 그러나 고양시는 영유아 시기부터 초중고 그리고 대학과 어르신에 이르기까지 생애 주기별 평생교육 시스템을 구축해서 교육 특구의 위상을 확고히 하고 있어요. 교육 예산도 시장 취임 이전 2.5퍼센트 수준에서 현재 5.8퍼센트의 수준을 유지하고 있고요.

_____ 이재명 성남시장은 청년수당이라는 간판 정책이 있는데, 최성 시장에게는 딱히 떠오르는 게 없다는 지적이 있어요. 경선 때

도 그랬고요. 고양시정 8년 동안 대표적인 성과가 있다면 소개해주
세요.

_______ 그런 말을 많이 들었어요. 많은 성과를 가지고 있으면서도
왜 상품 홍보를 하지 못하느냐는 안타까움도 많이들 표하셨고요. 그
런데 어쩌면 이런 반응들이 당연할 수밖에 없어요.

"하나만 만들면 돼"라는 말도 참 많이 들었습니다. 저의 브랜드
가 될 만한 정책을 하나 세워서 내부적이든 대외적이든 그것에 집중
하라는 말이지요. 하지만 그것은 제 개인의 이미지에는 도움이 될 수
있다 하더라도 100만이 넘는 도시의 시민들에게는 피부로 와 닿는
도움을 드리지 못할 것입니다.

고양시에는 평화통일특별시, 한류문화예술도시, MICE 산업도시
등 굵직한 사업 등이 많습니다만 시장으로서 제가 역점을 두는 것은
'삶의 질 1위 도시'입니다. 교육, 복지, 문화, 주거 등 복합적인 요소
가 모두 뒷받침되어야 가능하고, 또 특정계층 특정분야를 떠나 모든
시민들이 만족할 수 있는 것이지요.

그럼에도 불구하고 대표적인 성과를 굳이 꼽으라고 한다면, 통
일한국의 실리콘밸리라는 프로젝트인데요. 광역 지방정부에서도 쉽
게 유치하기 힘든 대형 사업 대여섯 가지를 한 번에 유치했어요. 박
근혜정권 아래서도 지역 발전에 도움이 될 국책 사업은 여야를 떠나

정치력을 발휘해 유치를 해야지요.

고양 일산 테크노밸리, 청년 주거와 일자리를 위한 스마트타운, 대한민국의 대표적 신한류 문화테마파크, 방송영상문화 콘텐츠밸리, IoT 융복합 시범단지처럼 천문학적 예산이 필요한 큰 사업들을 불과 일이 년 사이에 확정 지은 것은 아마 지방정부 역사상 유례가 없을 것입니다.

_____ 지난번 출간한 『울보시장』이 세간의 큰 화제가 되었습니다. 눈물과 감정이 넘치는 사람인지 저조차도 처음 알게 되었어요. 이 연장선상에서 묻습니다. 지금 가장 그리운 사람이 있다면요?

_____ 아버지가 가장 보고싶습니다. 세월호 사고 수습과정에 대한 국민들의 분노가 채 가시기도 전에, 고양시 고양종합터미널에 대형 화재사고가 발생했어요. 지방선거를 며칠 앞둔 날이었어요.

치매 증세를 앓으며 말기암과 투병 중이셨던 아버지는 병상에 누워 제게 물으셨어요. "선거는 잘 준비하고 있느냐" 하고요. 마지막 대화일 수도 있다는 느낌이 들 정도로 힘들게 말씀하셨고 곧 가쁜 숨을 몰아쉬셨어요. 저는 곧장 아버지께 가까이 다가가서 귓가에 입을 가까이 대고, 아버지만 들을 수 있게 또렷이 속삭였어요.

"시민을 섬기는 훌륭한 지도자가 되어라." 평생을 교육자로 사셨던 아버님의 유언이에요. 87세까지 단 하루도 쉬지 않고 책과 함께 배움의 길을 걸으셨던 아버지. 아버지가 삶으로 가르쳐주신 성실과 겸손, 끝없는 배움정신이 오늘의 저를 가능케 한 가장 큰 원동력입니다.

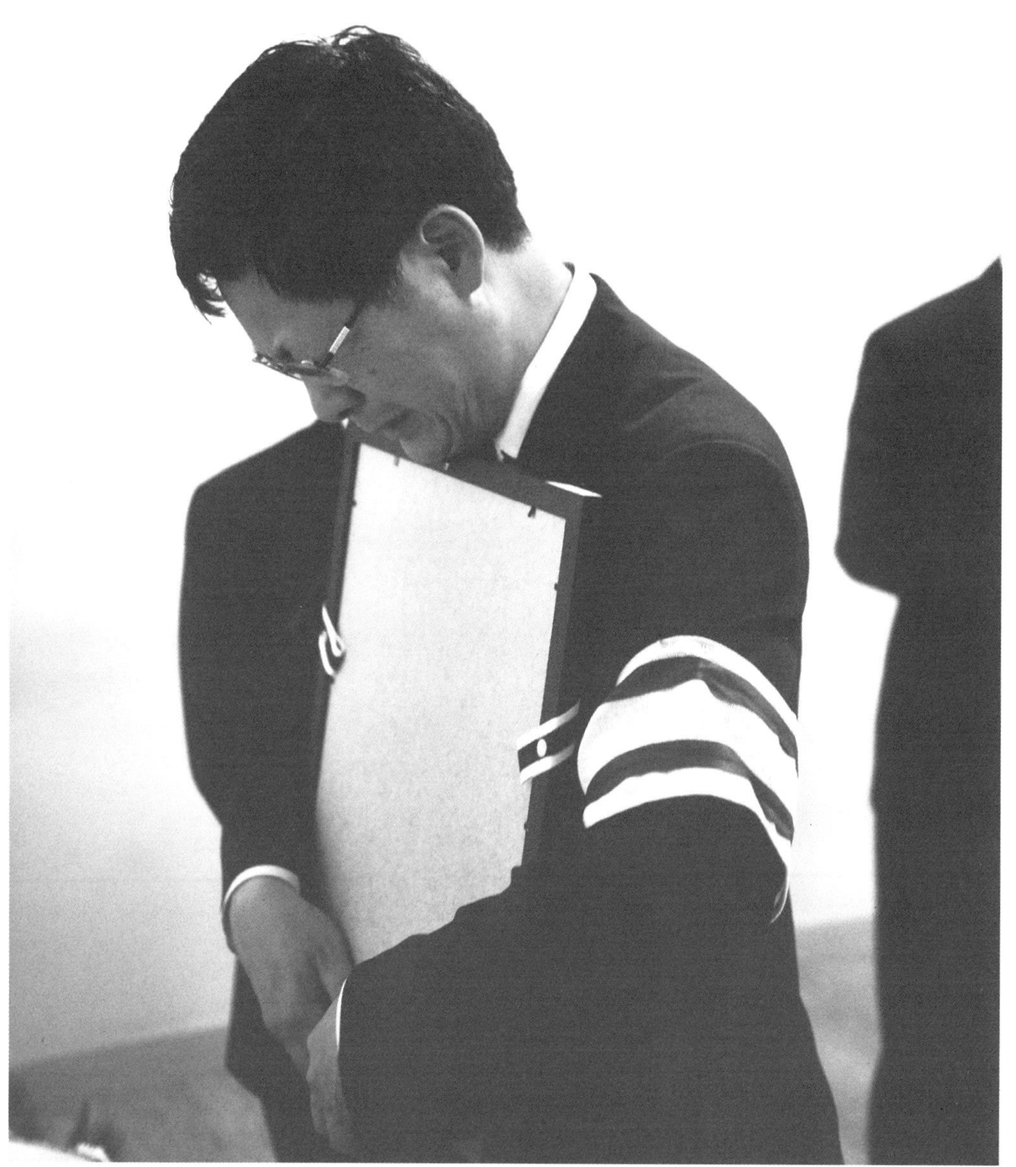

"아버지, 막둥이가 이번에 지방선거에서 승리하면 다음에는 대통령 선거에 나갈게요. 제가 청와대 가는 것 보셔야죠. 그때까지 꼭 사셔야 해요."

이렇게 말씀드려야 아버님의 건강이 회복될 것 같았어요. 정신도 또렷해지리라고 믿었고요. 아버지에게 드리는 저의 최후의 처방인 셈이에요. 그러자 아버지는 눈을 크게 부릅뜨시며 한동안 제 눈을 바라보시더니 고개를 끄덕이셨어요. "잘 알겠다. 꼭 그렇게 하겠다" 하고 말씀하시는 것 같았어요.

며칠 후 아버지는 "당선을 빈다"는 친필 메모를 남기셨어요. "시민을 섬기는 훌륭한 지도자가 되거라"라는 유언과 함께요. "그럼 그렇지, 우리 아들. 해낼 거야" 하는 카랑카랑한 목소리는 결코 들을 수 없었지만 아버지는 당신의 삶을 통해 저를 지금도 가르치시고 응원해주고 계세요.

아버지에게 참 많은 것을 배웠어요. 아버지는 시간의 소중함을 누구보다 잘 알고 계시던 분이었어요. 어렵게 공부를 해서 검정고시를 보았고 교직에 계셨어요. 물론 엄혹한 시절에 해직을 당했다가 복직을 하시기도 했고요.

아버지께서는 박정희, 전두환 시절에 미전향 장기수분들을 집에 데려와 재우고 일자리를 알아봐주는 일을 도맡아 하셨어요. 존경스러운 부분이죠. 이후 정년을 하시고 나서도 집에 리더십 연구소를 차리셔서 지도자 양성을 위해 열정을 다 바치셨어요. 여러 면모 가운데에서도 아버지가 제게 남겨준 가장 큰 유산은 '겸손과 배움 그리고 도전정신'이라는 화두입니다. 87세로 생을 마감하시기 전까지 한결같았던 아버님의 삶은 지금도 스스로 끊임없이 되새기는 것이 되었어요.

4

정치인의
길과
행정가의
일

연방제 수준의
자치분권

:: 자치분권을 외치다

김선식　　지난 경선부터 연방제 수준의 자치분권 개헌을 강도 높게 주장하셨습니다. 이것의 배경이 궁금합니다.

최　성　　경선 출마 당시 대표 공약을 개발하면서 충격적인 자료와 연구 보고서를 접한 적이 있어요. 한국 고용정보원의 이상호 부연구위원의 2017년 연구결과에 따르면 "전국 지자체의 3분의 1이상은 30년 뒤 저출산 고령화로 인해 지도상에서 사라질 수 있다"는 것이었어요. 여기에는 당연히 제 고향 광주를 포함해 호남과 영남, 충청 등 농촌 지역 대부분이 포함되고요. 2006년 영국 옥스퍼드대학 인구문제연구소의 콜먼 교수도 한국을 "인구가 소멸할 최초 국가"로 지목했을 만큼 충격적인 상황입니다. 이후 유엔미래포럼과 삼성경제연구소, 국회입법조사처도 동일한 분석을 발표했어요.

그렇다면 이런 현상을 근본적으로 해결하기 위해서는 어떻게 해야 하는가 고심하다가 획기적인 자치분권 밖에는 답이 없다는 결론에 도달한 것이죠. 호남과, 영남, 충청 등 낙후 지역들의 발전을 동시적으로 이룩하기 위해서 말이지요.

그것도 그냥 자치분권이 아닌, 미국식 연방제 수준의 형태로 추진돼야만 현재와 미래의 총체적 위기를 극복할 수 있다는 확신이 섰어요. 특히 박근혜 · 최순실 국정농단 사태로 인해 제왕적 대통령제의 폐단을 밑바닥부터 개선해야 한다는 시대적 과제가 있지 않습니까?

_____ 이 중차대한 사안을 어떻게 공유하고 확산시키는가의 문제가 중요했겠습니다.

_____ 맞아요. 경선 초기에는 지지율 꼴찌로서 당선 가능성도 별로 없는 제가 일방적으로 주장해봤자 아무도 주목하지 않을 것 같았어요. 방법은 당시 가장 유력 후보였던 문재인 후보에게 의견을 묻는 것밖에 없었죠. 제가 정책 질의를 하고 문 후보가 동의하면 차기 정

| 도전에서 소명으로 |

부의 핵심 정책이 될 수 있겠다고 내다봤어요. 만약 동의하지 않으면 더 치고 나가야겠다는 현실적인 목표를 설정했고요.

그런데 예상 밖의 상황이 벌어진 거예요. 질문하기가 무섭게 문 후보는 "자치분권 개헌은 지난 대선 때부터 제가 주장했던 공약"이라고 말하면서 이 개헌이 꼭 필요하고 2018년 지방선거 때까지 반드시 관철시키겠다고 한 거죠.

마음속으로 쾌재를 불렀어요. 전국 대도시 시장협의회장으로도 일하고 있는 제가 자치분권의 전도사가 돼서 대한민국 정치혁명을 한번 이뤄보자는 다짐을 하게 된 거예요.

_____　그래서 '자치분권의 전도사'라는 닉네임이 생긴 거군요.

_____　끈질기게 주장했죠. 10여 차례가 넘는 전국 경선에서 판넬을 흔들면서요.(웃음) 네티즌들은 '판넬왕 최성'이라며 좋게 봐주셨고. 문재인 대통령께서도 당선 수락 연설을 통해 저를 'DJ 햇볕정책의 전도사'에서 '자치분권의 전도사'가 됐다고 말씀하시기도 했고요.

_____　자치분권의 전도사도 그렇지만 '판넬왕'이라는 별명이 흥미로운데요.

_____ 사실은 경선 토론회 때 판넬을 사용하기까지 고민이 많았어요. 명색이 대선 토론회인데 너무 자주 판넬을 사용하면 가벼워 보일 수 있기도 하니까요. 그런데 국회의원 시절 청문회나 TV토론회 때 판넬을 사용했던 경험이 여러 번 있었기에 복잡한 문제를 일목요연하게 정리하는 데에는 판넬만 한 것이 없다고 생각했어요. 무엇보다 잘 알려지지 않은 소위 '듣보잡 후보'가 임팩트를 주기에 효과적이겠다는 판단을 했고요. 주변의 반대를 무릅쓰고 강행했어요. 결과는 대성공이었다고 봐요.(웃음)

제가 주장하는 가장 핵심적인 정책 메시지, 이를테면 연방제 수준의 자치분권 개헌 방안이 대표적이고요. 북핵 및 사드 위기의 DJ식 포괄적 일괄타결 방안, 통일한국의 실리콘밸리 프로젝트, 일자리 양극화 해결 방안과 같은 내용들을 토론 때마다 두세 개씩 활용했어요. 10여 차례의 토론회가 열렸으니 합치면 무려 30여 개의 판넬을 들었던 셈이네요. 한번은 TV 토론회에서 다른 후보가 판넬을 사용하려고 준비해왔다가, 발언 순서가 빨랐던 제가 먼저 판넬을 들고 설명하니 포기하시는 것 같았어요. 내심 미안했습니다.(웃음)

_____ 기억에 남는 판넬 하나를 꼽는다면요?

_____ 아무래도 자치분권과 관련된 내용인데요. 앞서 말씀드린 것

| 도전에서 소명으로 |

"소멸 위기에 처한 지방을 살리기 위해 미국식 연방제 수준의 자치분권 개헌을 추진해야 한다고 생각하는데 어떻게 생각하십니까?"라고 묻자 "전적으로 공감한다. 지방분권 개헌을 2018년 6월 지방선거 때 헌법개정 국민투표를 붙이자"고 답변하셨어요. 그리고 지금, 연방제 수준의 자치분권 개헌은 문재인정부의 최대 화두지요.

처럼, 지금과 같은 저출산 고령화 추세가 지속된다면 향후 30년 내에 농촌이 붕괴되고, 지방이 붕괴된다는 그래프였어요. 따라서 연방제 수준의 획기적인 자치분권을 실현해서 대기업 본사의 지방 이전을 비롯해 지방정부가 주도적으로 지역특화 산업도시를 추진할 수 있도록 지방재정 지원을 획기적으로 늘려야 한다는 것이었지요.

또 중앙정부와 지방정부가 상호 협치를 이루면서 저출산 문제 해결을 위해 임신, 출산 의료비 전액 지원, 0~5세 무상보육 실현 및 아동수당제 도입, 유치원~고등학교 무상교육 실시, 출산육아 휴가제 등을 대폭 강화하자는 내용도 여전히 시급한 사항이고요.

한편 노령화와 관련해서 기초연금에 대한 지원을 확대하고, 6만 5,000여 개에 달하는 전국 경로당을 일자리·문화·복지의 거점센터로 만드는 '신바람 난 경로당' 사업을 추진하자는 정책 제안도 담겨 있었어요. 고양시는 이미 실시하고 있는 사업이고요.

:: 지방이 살아야 나라가 산다

____ 우선, 개헌은 왜 필요한가요?

____ 지금 우리 헌법은 1987년 국민들의 강렬한 민주화 열망에

따라 만들어졌죠. 군부독재정권을 청산하고 국민의 기본권과 권력 구조를 정립한 5년 단임제로 대표되는 것이 바로 지금의 헌법입니다. 동서고금 역사상 이처럼 국민의 힘에 의해 헌법이 개정된 사례는 좀처럼 찾아보기 힘들죠. 그런 의미에서 현재 헌법은 역사적으로도, 정치사적으로도 매우 중요한 의미를 가지고 있습니다.

하지만 30년이라는 시간이 흐르는 동안 세상은 격변했고, 헌법도 시대를 담아낼 수 있는 새로운 패러다임으로 변화되어야 한다는 것이 강조되기 시작했습니다. 민주주의의 가치에 더해 지방분권, 경제민주화, 환경, 인권, 평화통일, 교육, 복지 등 수많은 요구들이 우리 사회에 분출하고 있기 때문입니다. 87년 개헌이 독재정권에 대한 저항 정신에서 이뤄졌다면, 이번 10차 개헌은 우리 사회 각계각층의 목소리를 담아내 향후 100년 대한민국의 미래를 설계하는 차원에서 이뤄져야 하는 것입니다. 따라서 지금 개헌은 일부 정치인들의 선택이 아닌, 국민이 내린 지상명령이나 다름없습니다.

둘째, 개헌이 필요한 또 다른 이유는 권력 구조 개편이 절대적으로 필요하기 때문입니다. 이명박 · 박근혜 정권의 국정운영은 1퍼센트 특정 세력만을 위한 특권적 정치와 행정이었습니다. 그들은 그마저도 무능했지요. 대통령에게 집중된 권력은 결국 부패라는 결과로 이어져 왔습니다. 또한, 집권 후반기가 되면 레임덕에 시달리며 제대로 된 국정운영을 펼치지 못했어요. 집권해서 정권 인수인

계하고 국정 상황 파악하느라 한 1년 보내고, 2~3년차에 조금 일을 하려다 보면 금방 레임덕이 찾아와 자리에서 불명예스럽게 내려오곤 하는 게 지금까지 정권들의 반복이었죠. 대통령 5년 단임제가 가진 폐단이에요.

그래서 이번 개헌은 대통령 권력을 명확히 분산시키는 것이 중요하다고 봅니다. 대통령 4년 중임제와 함께 현재의 유명무실한 총리제가 아닌, 분권형 책임총리제를 도입해야 하는 이유입니다. 권역별 비례대표제 및 지방정부 구성에 있어서도 시민참여적 공천 시스템의 대폭 강화 등 권력 구조와 정치 구조의 개편 역시 혁신적으로 이뤄져야 합니다.

이원집정부제는 제왕적 대통령제의 폐해를 방지할 순 있지만 대통령과 총리의 역할에 혼선의 가능성이 있고, 책임정치를 실현하기 어려울 수 있어요. 민주주의의 역사가 짧은 우리나라가 받아들이기엔 다소 무리가 있을 것으로 보입니다.

한때 의원내각제도 논의된 적이 있지요. 의회와 내각이 손발이 잘맞기 때문에 효율적인 국정운영이 가능하긴 하지만, 의회 다수당의 횡포를 견제하기 어렵고, 군소정당이 난립하면 정국 불안정성이 더 커질 수 있습니다. 우리나라 상황에서는 부정적으로 작용할 가능성이 높아 보여요. 정치권 일부에서는 이원집정부제나 내각제를 통해 재벌과 연계하여 권력나눠먹기식의 야합을 집요하게 시도하고 있고요.

그래서 4년 중임대통령제가 가장 적합해 보입니다. 정부가 의회와 대립하면 비효율성이 증가하지만 국민들은 여소야대를 오랜 기간 경험했기 때문에 큰 문제는 되지 않을 것으로 봐요. 오히려 국정 운영의 연속성을 확보할 수 있고 책임정치가 가능하기 때문에, 자치분권 개헌과 책임총리제로 대통령의 권한을 분산시킨다면 가장 적합한 권력 구조가 될 것으로 판단됩니다.

_______ 이 개헌은 지방정부 활성화에 초점이 맞추어진 것인가요?

_______ 일차적으로는 그렇습니다. 하지만 장기적으로 보면 죽어가는 지방을 살려야 대한민국 전체가 살 수 있어요. 서울공화국, 수도권 중심의 발전 전략으로는 글로벌 시대에 국가경쟁력을 가질 수 없습니다. 더욱이 저출산 고령화가 이미 상당 수준 진행돼 어르신들만 남은 농촌 문제가 해결되지 않으면 지방 경제가 살아나기 어려워요.

대한국민의 모든 자원과 재원이 서울과 수도권에 집중되다 보니 지방대학, 지방의 기업과 인재가 살아남기 힘든 상황이지요. 재정과 정책에 있어서 지방의 특성화된 발전을 종합적으로 추진해야 합니다.

중장기적으로는 행정안전부를 자치분권 지원청으로 축소해서
세계와 지방이 통하는 글로컬리즘(Glocalism) 시대에 적극적으로 대
응해야 한다고 생각해요. 북유럽 등 선진 국가의 대부분은 자치분권
이 세계 최고 수준인 나라들이에요.

＿＿＿＿　연방제 수준의 자치분권 개헌이 곧 남북 분단을 뛰어넘어
통일한국으로 가는 가장 좋은 대안이라는 말씀인가요?

＿＿＿＿　그렇습니다. 통일한국을 대비해서라도 자치분권은 매우 절
실히 필요한 부분이고요. 독일의 통일을 가능케 한 것도, 또 통일 후
유증을 최소화하며 최강국이 된 것도 독일의 강력한 자치분권 덕분
입니다.

흥미로운 통계를 몇 가지 소개해드리면요. 1989년 동서독이 통
일되기 전까지 서독에서 동독으로 발신된 전화통화가 5,000만 회에
달했고, 방문자 수 역시 1980년 이후 급격히 증가해서 매년 1,000만
명에 달했어요. 청소년 교류의 경우에는 매년 8만 5,000여 명의 청소
년들이 동서독을 오갔고요.

도시 간 자매결연도 통일이 이루어지기 전까지 62개 도시가 자
매결연을 맺었고, 서독의 교회는 1957년부터 1990년까지 동독 교회
및 부속시설에서 사용할 23억 마르크, 한화로 1조 3,800억 원 상당의

물품과 동독 교회가 현금화해서 사용할 수 있는 28억 마르크, 한화로 1조 6,800억 원 상당의 물품을 지원했습니다.

이렇듯 독일이 동독과 서독으로 분단되었을 때도 동서독의 지방정부는 서로 교류하고 협력하면서 평화정착을 위해 노력해왔어요. 우리나라처럼 '퍼주기 논란'도 전혀 없었구요. 통일 이후에는 동서독의 독자적인 정치체제를 어느 정도 존중하면서 연방제 형태로 분권화된 발전을 추진했기 때문에 오늘날 EU의 중심 국가로 성장하게 된 것이고요.

남북한 역시 마찬가지입니다. 통일이 언제 불현듯 찾아올지는 알 수 없습니다. 김정은 체제의 불안정성으로 인해 예상보다 빨리 한반도에 통일 독일과 같은 상황이 찾아올 가능성도 배제할 수는 없어요.

지금과 같은 중앙집권적 획일 체제로는 통일한국의 정치 · 경제적 상황을 감당할 수 없고, 오히려 심각한 국가적 재난으로 비화될 위험성이 높아요. 그렇기 때문에 연방제 수준의 자치분권을 내실 있게 운영하면서 남북 지자체 간 교류 활성화를 도모해야 합니다.

점진적 통일 과정에서는 남북한의 정치 · 경제적 체제의 이질성을 존중하면서 상당 기간 문재인정부가 추진하는 '미국이나 독일의 연방제 수준의 자치분권 체제'를 유지하고 운영하는 것이 통일한국의 후유증을 최소화하는 길이 될 테고요. 이 길은 제가 김대중 대통령과 함께 작업했던 3단계 통일 방안의 핵심이기도 합니다.

______ 문재인 대통령의 연방제 수준의 자치분권과 김대중 대통령의 3단계 통일방안의 연관성에 대해 좀더 설명해주시지요.

______ 분단 상황이기에 우선은 우리나라만이라도 중앙집권화된 여러 분야, 즉 재정 · 교육 · 문화 · 복지 등의 영역을 지방정부로 분산해 독자적인 자율성을 갖게 하는 것이 우선이고요. 그런 뒤에 남북이 교류 협력을 지속적으로 이어간다면, 결국 김대중 대통령께서 말씀하셨던 남북연합 혹은 국가연합(1단계)을 이룰 수도 있다고 생각합니다. 남과 북이 서로 다른 정치체제를 유지하면서 외교와 안보를 제외한 경제, 사회문화 등에서 남북교류의 폭을 넓혀 가는 것이죠.

서로 독립된 국가가 연합을 해 교류 협력을 하는 것이지요. 그 다음 단계는 아마 미국식 연방제 수준(2단계)으로 갈 수 있지 않을까 해요. 북한의 고려연방제와 근본적으로 다른 미국식 연방제 단계를 거쳐 최종적으로 완전통일국가(3단계)로 발전하는 것이지요. 이 과정에서 남한과 북한, 나아가 동아시아가 함께 협력하는 경제 공동체를 이룰 수도 있지 않을까 생각합니다. 마치 하나의 국가처럼 움직이는 EU를 모델로 삼을 수도 있겠고요.

   | 도전에서 소명으로 |

이렇게 되면 문재인정부의 '연방제 수준의 자치분권'은 김대중 대통령의 3단계 통일방안과 연결되어, 근본적으로 남북이 한반도 평화통일의 지름길을 걷게 되는 것이지요. 가능하다면 문재인정부가 김대중 대통령의 3단계 통일방안을 수용하는 것을 검토할 필요가 있다고 생각합니다.

그런데 요즘 북핵 문제로 비롯된 동북아의 군사적 긴장이 최고조인 상황이라, 제 이야기가 너무 이상적이고 거대한 담론처럼 보일 듯한 우려도 되네요. 북핵 문제를 해결하는 것이 가장 시급한 과제이겠지만, 저는 앞서 말한 자치분권 개헌과 함께 동북아의 협력 체계를 향한 발걸음도 멈춰서는 안 된다고 생각합니다. 어려운 문제이지만요.

_____ 개헌안의 세부 내용은 어떤 것들이 포함되어야 할까요?

_____ 첫째는 헌법에 대한민국이 '연방제 수준의 자치분권국가'임을 천명하는 일이에요. 과거와 같은 중앙집권적 대통령 책임제 국가에서 지방정부와 지역 주민, 즉 국민들이 직접 참여 정치를 전개하는 명실상부한 '강력한 지방분권공화국'이 되는 것입니다.

따라서 입법, 재정, 조직, 정책 등 국정운영의 총체적인 부분이 지방분권을 거쳐 대통령 중심에서 국민과 시민 중심으로 이양되는 것이지요. 이런 내용을 헌법에 명시하는 것이기 때문에 참으로 역사적이고 혁신적인 내용이라 할 수 있어요.

둘째는 지방정부가 자치 입법권과 자치 조직권을 갖게 되는 것인데요. 과거에는 중앙정부에서 일방적으로 결정해왔잖아요. 아직도 중앙정부의 지방정부에 대한 '갑질' 감사나 문화재정책 등에 있어 구시대적 관행은 조금도 변하지 않은 상태입니다. 이제는 지역에 거주하고 있는 시민들의 다양한 의견을 지방의회가 수렴해서 지방정부가 시민의 입장에서 독자적이고 자율적으로 법률을 제정하고, 각종 제도를 실시할 수 있게 되는 것이지요. 청렴성과 개혁성을 토대로 하는 '풀뿌리자치혁명'이 기초지방정부와 의회에서 시작되어야 합니다.

셋째는 지방정부가 자치 재정권을 갖게 되는 것이에요. 우선 국세와 지방세의 비율이 현행 8대 2에서 장기적으로 6대 4까지 전환되면, 지방정부는 충분한 재원을 가지고 지역 실정에 맞는 시민제일주의 행정을 펼칠 수 있게 됩니다. 현재와 같은 중앙집권적 체제하에서는 지방세 수입으로 공무원 인건비를 해결하지 못하는 지자체가 무려 126곳이나 될 정도로 현저히 낮아서 지역 주민을 위한 일자리 창출, 복지교육정책 등을 추진할 수 있는 여건이 전혀 안 되는 실정이거든요.

그렇다 보니 대통령과 장관만 바라보고 있고, 예산 때가 되면 국회에 가서 사정해야 하는 지방정부의 비참한 행정이 반복되는 매우 기형적인 구조가 형성된 것입니다. 바로 이런 부분들이 변화되는 것이지요. 해당 지역의 중대한 사업 역시 중앙정부에 의해 시혜적으로 추진되는 것이 아니라 법령을 통해서 시스템적으로 이뤄져야 하는 것이지요.

문재인 대통령께서도 취임 100일 기자회견은 물론이고 여수에서 개최된 '지방자치의 날' 기념식에서 자치분권에 대한 확고한 정부 방침을 발표하면서 역사적인 선언을 하셨습니다.

이날 문재인 대통령의 자치분권 선언을 저는 '10 · 26 혁신자치분권선언'이라 부르고 싶어요. 박정희 군사독재가 종식된 10 · 26 사태가 발생한 지 38년 만의 일이에요. 자신이 가지고 있는 권력의 절반 이상을 국민들에게 돌려주겠다는 혁명적인 선언에 대해 일부 야당이 반대하고, 또 여의도 정치권이 구체적인 해법을 적극적으로 마련하지 못하는 현실이 매우 안타깝습니다.

끝으로 '연방제 수준의 자치분권'은 미국이나 독일과 같은 연방제 형태로 구성될 것이지만, 대한민국은 분단국가이고 또 오랫동안 대통령 책임제를 유지해온 정치문화가 있기에 '한국형 연방제 형태'의 자치분권의 방향으로 이루어져야 한다고 생각해요.

4년 대통령 중임제, 분권형 책임총리제, 권역별 비례대표제, 시민참여적 공천 시스템, 교육과 치안, 재난 안전 그리고 사법 체계에 있어서 단계적 혁신 자치 시스템을 마련하기 위해 지금부터 착실히 논의가 시작되어야 하는 절박한 이유입니다. 이를 통해 도출된 총론적인 합의는 개헌안에 담고, 구체적인 세부 법률과 정책은 국민 참여를 통해 하위 법령과 지방 조례에 단계적으로 담으면 될 것입니다.

_______ 현재 인구 104만 명인 고양시의 시장을 맡고 계십니다. 아울러 전국 대도시 시장협의회 회장도 겸하고 계시지요. 우리의 지방자치 제도의 현재에 대해 평가를 하신다면요?

_______ 1995년 본격적으로 지방자치제도가 시행된 이래 많은 발전이 있었습니다. 하지만 근본적으로 현재 우리의 지방자치는 제도적 한계를 갖고 있습니다. 누가 집권을 했는가, 중앙정치권에 무슨 일이 일어났는가의 문제들이 지방자치와 행정의 방향을 수시로 뒤엎는 것이지요. 사실 지방자치는 365일, 24시간 시민 곁에서 지속되어야 할 행정의 영역인데 말입니다.

우선 우리 지방자치에 있어서 가장 큰 문제점 중 하나는 지방재정의 확충 문제입니다. 재정자립화 없이 지방의 중앙정부 예속화가 필수적이며, 이런 중앙집권적 통제 시스템하에서 지방자치와 주민 참여자치는 질식될 수 밖에 없습니다. 그동안 재정분권이 제대로 이루어지지 않은 상황에서 중앙정부의 업무가 지방으로 이양되다 보

  | 도전에서 소명으로 |

니 오히려 지방의 재정자립도는 현저히 떨어지는 웃지 못할 상황이 발생한 거죠.

행전안전부에 따르면 전국 지자체의 재정자립도는 2000년 59.4퍼센트에서 2017년 53.7퍼센트로 떨어졌습니다. 지자체 243곳 중 215곳, 다시 말해 88.4퍼센트에 달하는 지방정부의 재정자립도가 50퍼센트 미만인 것이죠. 63퍼센트에 달하는 153곳은 30퍼센트에도 미치지 못할 만큼 열악합니다.

또한 국가와 지방 간 세금수입 비중은 중앙과 지방이 76대 24인 반면 세금지출 비중은 40대 60으로 불균형 현상이 매우 큽니다. 다시 말해서 지방은 전체 세금의 24퍼센트를 거둬 전체 지출의 60퍼센트를 책임지고 있습니다. 따라서 지방정부는 교부세나 국고보조금 등 중앙지원이 없으면 공무원 월급도 못 주거나 생존조차 어려운 실정입니다.

_____ 그렇다면 지방재정의 독립을 위한 방안에는 무엇이 있을까요?

_____ 가장 시급한 것은 문재인 대통령 스스로가 공표하신 것처럼 국세와 지방세의 비율을 현재의 8대 2에서 6대 4 정도로 조정해야 지방재정이 강화될 것입니다. 또 세수불균형을 해소하기 위해 담배

에 부과되는 개별소비세를 지방에 넘겨주고, 부가가치세 중 10퍼센트를 추가로 지방세로 전환하는 등의 획기적인 조처가 수반되어야 합니다.

그러지 않고 재정적 부담이 큰 중앙사무를 지방에 넘기고, 실질적인 재정부담을 지방에 부담시켜서는 안 되겠지요. 박근혜정권 당시 만 3세에서 5세까지 무상보육을 시키는 누리과정의 예산갈등 사례처럼 국가가 지방정부에 국가정책 수행 비용을 충분히 지원하지 않아 큰 혼란을 겪었던 것은 한 예에 불과합니다.

:: 새로운 체제를 위하여

_____ 자치분권 개헌의 가능성을 어느 정도로 보시는지요?

_____ 그간 우리 사회의 두 눈은 물질만능주의다 권력지상주의다 하는 것들에 가려져 있었습니다. 이 상황에서 교육과 복지, 평화 같은 가치들은 상대적으로 홀대받고 있었고요. 연방제 수준의 자치분권은 지방자치의 차원을 넘어 하나의 선진적인 공동체를 만드는 일입니다. 이 공동체가 자생하고 발전해나갈 수 있도록 정부, 국회, 지방정부 차원에서 시스템과 로드맵을 치밀하게 만들어야 된다고 생각합니다.

다행스럽게도 문재인 대통령이 가진 진정성과 개혁적인 정책 추진의 강력한 의지 그리고 안정적 위기관리 능력을 보았을 때 저는 이번 정부에서 연방제 수준의 자치분권을 이루어낼 수 있지 않을까 하는 희망을 더욱 갖게 되었습니다.

______ 연방제 수준의 자치분권이 이루어지면 사실 중앙정부를 견제하는 기능이 커지는 것이잖아요. 지금 말씀하신 국제화와 지방화를 동시에 추진하는 글로컬리즘은커녕 국가 통합 같은 것을 저해할 수 있는 요소로 작용하는 것은 아닐까요?

연방제 수준의 자치분권을 하는 데 가장 큰 방해 요소는 국회를 비롯한 중앙정부만은 아닐 것입니다. 분명 중앙정치에 익숙한 국회의원들도 어떤 견제를 해오겠지만 또 다른 쪽은 이미 지역에서 뿌리를 내리고 있는 토호일 것입니다. 대부분의 지역에서 이들은 상부의 정권과는 무관하게 아주 견고하고 폐쇄적인 네트워크를 가지고 있지요. 이들은 시의회와 도의회, 지역 언론과 시민사회의 일부를 장악하고 있습니다. 이것이 있는 한 상식적이고 건강한 시민참여자치, 풀뿌리자치, 자치분권은 이루어지기 힘듭니다. 이런 문제를 합리적으로 개선할 세부 방안도 함께 마련해야 합니다.

_____ 앞으로 연방제 수준의 자치분권 개헌이 가능하도록 하기 위해서 어떤 노력이 필요합니까?

_____ 우선적으로 국민들 절대 다수가 원하는 '자치분권 개헌안'의 핵심을 모으는 작업이 필요해요. 이를 토대로 국회 개헌특위에서 '연방제 수준의 자치분권 개헌안' 초안을 마련하는 것이 1단계겠지요. 그리고 초안을 바탕으로 대국민 토론회를 개최해야 합니다. 이것이 2단계이고요. 토론을 통해서 향후 구체적인 로드맵을 만들고, 세부적인 법률과 추가적인 조치를 취해야 합니다. 하지만 현실적으로 국회가 이런 국민적 합의안을 만들기 어렵기 때문에 정부 역시 독자적으로 대책을 마련하여 정부 차원의 헌법개정안 초안도 준비해야 할 것입니다.

3단계는 2018년 지방선거에 맞추어서 구체적인 개헌 절차와 관련된 세부 일정을 세우고 중앙정부와 국회는 착실히 이행해나가야 해요. 이 과정에서 가장 중요한 것은 개헌 논의의 중심이 중앙정부의 관료와 여의도 국회의원이 아니라 지난 겨울, 촛불을 들고 광장에 나왔던 1,700만 시민, 전국의 지방정부와 그 지역에 살고 있는 주민들이 되어야 한다는 점이에요.

_____ 전국 대도시 시장협의회장으로서 하실 말씀도 있으실 것 같아요.

______ 그동안 전국 대도시 시장협의회장으로서 '연방제 수준의 자치분권 개헌안' 초안을 마련하기 위해 각계 전문가와 전국의 지방정부 단체장들과 합의를 도출해왔어요. 이를 토대로 문재인 대통령은 물론 청와대와 행정안전부 등에 구체적인 정책 제안을 지속적으로 해왔고요.

하지만 일부 야당의 반대로 오는 6월 지방선거에서 역사적인 자치분권 개헌안이 통과될 가능성은 여전히 매우 낮다고 봐요. 그래서 '자치분권 개헌을 위한 시민행동'을 준비하고 있어요.

______ '자치분권 개헌을 위한 시민행동'의 구체적 활동방향이 있다면요?

______ 자치분권 개헌이 이제는 시대적 요구이지만 국회 통과가 쉽지 않은 상황이에요. 문재인 대통령께서 말씀하신 '강력한 지방분권 공화국'을 위해서 이제 시민들이 행동으로 나서야 할 때예요. 2018년 지방선거가 개헌의 골든타임이고요. 국민여론도 질문형태에 따라 다르지만 60~80퍼센트의 국민이 여기에 공감하고 있어요.

'연방제 수준의 자치분권 개헌을 위한 범국민 서명운동'을 비롯해 전국적 단위의 '개헌 토론회', '국회 개헌 촉구 결의대회' 등 다양한 촉구운동을 추진할 계획이에요. 그동안 꾸준히 해온 운동이기도 하고요.

그런 점에서 '제2의 촛불시민자치운동'은 자치분권 개헌을 조기에 관철하는 운동일 뿐만 아니라 중앙과 지방 차원의 반자치적 적폐를 청산하는 운동으로 확산되어야 할 것입니다.

이제는 시민 개인이 그리고 지역 주민들 대다수가 자신의 권리를 위해 직접 움직이고 있잖아요. 인터넷을 통한 청와대 청원과 국민권익위 진정, 또 촛불시위 등 다양한 형태로요. 이것이 바로 민심인 것이지요.

이제는 정부가 앞장서서 국민들의 재산권과 행복추구권을 적극 지원하는 방안으로 선행적 조치를 추진하는 것이 '자치분권 개헌'을 앞당기는 일이라고 생각해요. 그럴 때에 시민들은 직접적으로 '자치분권은 이론적이거나, 어떠한 어려운 정치용어가 아닌 실질적인 밥과 빵'이라는 사실을 인지하게 될 것이라고 봐요. 자치분권 개헌을 위한 시민행동 역시 이를 위한 일이고요.

_____ 일부 야당의 반대에는 어떤 속내가 있다고 보십니까?

_____ 명분은 통일 시대를 대비해서 보다 장기적인 차원에서의 개헌 내용이 들어가야 한다는 것이 있고요. 지방선거와 동시에 개헌 논의를 진행할 경우 문재인정부의 정치적인 목적에 이용될 수 있다는 입장이에요. 개헌에는 찬성하는데 지방선거 이후에 추진하자는 이

야기지요.

예를 들어 자유한국당은 지방선거에서 문재인정부와 민주당을 상대로 힘겨운 싸움을 해야 하는 입장에 놓여 있는데요. 문재인정부가 혁신적 개헌안을 가지고 각 지역 주민들의 지지를 받게 되면 지방선거가 더욱더 힘들어질 것으로 판단하는 것이 반대의 실제적인 이유겠지요. 또 권력 분산을 중심으로 하는 여의도 정치권의 이해가 반영된 개헌 논의를 지지하기 때문인 것으로도 보이고요.

사실 여의도 정치권 일부에서는 이미 오래전부터 내각제나 이원집정부제와 같은 형태의 개헌 논의가 공개적으로 혹은 비밀리에 진행되었지요. 같은 맥락에서 19대 대선 과정에서의 문재인 불가론이나 반문 연대를 중심으로 제3지대론, 빅텐트론 등이 유력 대선주자를 통해 제기됐던 것이 그 증거라고 볼 수 있어요.

이런 상황에서 개헌이 통과되려면 절대 다수의 국민들에게 자치분권이 가져다줄 구체적인 이익을 잘 설명하면서 충분한 설득을 이뤄야 해요. 이것은 문재인정부와 집권여당의 몫이죠. 아직까지는 이 분야도 대통령과 해당 부처 장관, 몇몇 단체장 외에는 뚜렷한 노력과 움직임이 잘 보이지 않아요.

_____ 촛불 정국처럼 국민적 공감대가 충분히 형성되어야 한다는

뜻이군요.

_____ 그렇습니다. 만약 국민적 토론과 합의 과정을 거쳐 여의도 정치권을 압박하지 않을 경우에는 2018년 지방선거 때 개헌은 가망이 없다고 봐야 하고요, 지방선거 이후 정략적 개헌 논의만 무성할 것으로 전망하고 있어요. 최종적으로는 여의도 정치권의 구미에 맞는 '권력 나눠먹기식 개헌 논의'만 반복하게 되겠지요. 국민의당과 바른정당의 통합 논의 등 여의도 정치권의 정치공학적 정계개편 또한 향후 자치분권 개헌이 어려워질 수 있는 상황이기도 하고요.

:: 자치분권의 미래, 고양에서 찾다

_____ 이제 지방자치의 이야기를 고양시의 이야기로 옮겨보려 합니다. 재선 고양시장으로서 만들어낸 새로운 자치 형태의 노력이 있었다면요?

_____ 정치에 대한 우리의 관심은 어제도, 오늘도 어느 당이 여당이 되는가, 누가 지지도가 높은가에만 쏠려 있습니다. 도지사, 시장, 시의원이 과연 시대정신, 철학, 비전, 정책을 갖추고 있느냐의 자격

과 능력의 문제 그리고 이것이 잘못된 방향으로 흘러갈 때 이것을 어떻게 통제하고 수정할 것이냐의 시민참여 방법은 크게 궁리하지 않습니다.

고양시에서 일하는 동안 제가 끊임없이 노력한 것이 바로 이것입니다. 시스템의 맹점을 찾아 수리하고 보수하는 것이었는데요. 그것의 목표는 최대한 많은 시민이 시정에 관심을 갖고 참여하도록 유도하는 것이었습니다. 이를 이루기 위해 능력 중심의 인사를 통해 훌륭한 인재들을 발탁했고요. 그들과 끊임없이 철학과 비전을 공유하고 각 분야에 리딩 그룹을 형성하게 했어요. 이런 노력은 괄목할 만한 성과를 냈습니다.

그리고 이제는 협치 여부가 시스템 행정에서의 최대 과제라고 생각합니다. 사실 저는 오래전 정치학 박사학위를 취득했지만 요즘 다시 대학원 박사 과정을 다니면서 행정학을 연구하고 있는데요, '글로벌 협치의 시대'라는 주제에 그야말로 빠져들어서 그 방안을 연구하고 있어요. 지방정부에서 어떤 정책이 결정되면 그것이 광역, 국가 그리고 국제적인 도시네트워크까지 외연을 넓히면서 서로 협치를 해야 한다는 거예요.

그리고 우리가 글로컬리즘에 대해 이야기할 때 간과해서는 안 되는 것이 우리나라의 특수성이지요. 남북 분단의 상황과 평화통일까지도 늘 염두에 두어야 합니다. 이것이 요즘 제 머릿속에 꽉 차

같은 고속도를 지나가는데, 사람들이 내는 요금은 지역에 따라 두 배에서 열 배 가량 차이가 납니다. 말이 안 되는 일이지요 수십 년간 관행처럼 지속된 불공정한 행정을 이제는 개선해야 합니다. 국정감사 증인까지 자원한 결과 통행료 인하를 눈앞에 두고 있습니다. 물론 그 중심에는 180만에 달하는 수도권 시민들의 단결된 서명의 힘이 있었습니다.

있어요. 어떻게 하면 성공적인 협치를 할 수 있을까 하는 것이 말이
에요.

_____ 고양시의 시민참여자치는 어떻게 진행되어왔습니까?

_____ 사실 지방자치는 어떤 면에서 통일 못지않게 어려운 과제인
것 같습니다. 왜냐하면 통일은 먼 훗날의 이야기이고, 시민들 입장에
서도 통일은 당연한 문제가 아닌 반면 지방자치는 내 집 앞의 문제,
내 가족의 문제와 직결되기 때문에 훨씬 더 첨예한 갈등이 발생하곤
해요.

이를테면 서울-문산 간 고속도로 및 김포-관산 간 고속도로 등
국책 도로 건설 사업에 따른 환경 보전 문제와 같은 크고 작은 집단
민원이 연일 발생해왔습니다. 이 또한 시민과의 협치를 통해 풀어왔
고요. 서울 외곽순환고속도로 경기 북부 구간 통행료 인하 문제 같은
경우는 고양시가 앞장서서 180만 명의 서명을 받았고, 제가 국회 앞
1인 시위와 국정감사 증인을 자원하는 노력을 보태었는데요. 부당
하게 부과되었던 통행료 인하를 시민들이 합심해서 관철시킨, 시민
참여협치의 대표적인 성공사례예요. 수십 년 동안 얽혀 있던 고양시
내 서울시 기피시설 이전 문제 또한 박원순 서울시장님과의 상생합
의를 통해 해결했고요. 물론 아직도 해결되지 못한 부분이 남아 있긴

하지만요.

고양시는 이러한 집단 민원은 물론이고 지역의 각종 현안 문제를 풀어나가는 데 있어서 '고양형' 시민참여자치를 통해 풀어왔어요. 물론 여기에는 '영혼 없는 철밥통'이라 불리던 공직자들의 혁신적인 참여가 결합되었고요.

일례로 화재사건으로 인해 운영하던 가구매장이 전소되고, 지역 재개발 과정에서 생계를 잃고 어린 세 딸과 9년 동안 천막농성을 벌였던 철거민 네 모녀의 이야기를 꼭 드리고 싶어요. 그들의 마음을 돌린 것은 결국 따뜻한 관심이었어요. 변화된 공직자들은 법의 테두리 밖에서 자살을 고민하던 네 모녀를 위해 함께 끝까지 해법을 찾았고, 결국 네 모녀는 새 삶을 찾게 되었어요. 지금도 자주 만나며 세상 사는 이야기를 주고받곤 하는데, 어머니는 큰 딸과 길벗가게를 운영한 지 1년이 넘었고 둘째와 셋째 딸은 대학원과 직장에서 열심히 꿈을 펼치고 있어요. 요즘엔 오히려 저를 응원해주더라고요.(웃음)

_____ 당연히 시행착오도 겪으셨겠지요?

_____ 공직자를 믿지 않는 시민단체, 시민단체를 불신하는 공직자, 이 사이에서 자신들의 권한을 지키려는 의회의 반대 등으로 풀뿌리 지방자치, 더 나아가 협치를 통한 상생적인 지역 발전은 요원했습니

화재사건으로 운영하던 가구매장이 소실돼 생계를 잃고 재개발 계획의 희생양이 되어 어린 세 딸과 함께 9년 동안 천막농성을 벌이던 덕이동 철거민. 극단적 선택으로부터 그들의 마음을 돌린 것은 결국 따뜻한 관심이었습니다. 끝까지 포기하지 않고 함께 해법을 찾은 결과, 네 모녀는 새 삶을 찾았습니다.

고양이 분장을 하고 고양체 말투를 써서 SNS에 인증해달라는 담당 공직자의 아이디어가 히트를 쳤습니다. 고양시가 전국으로 알려진 결정적 계기가 되었지요. 딱딱한 탁상 행정에서 벗어나 유쾌하고 친근하게 시민과 소통하는 '고양이행정'은 고양시뿐만 아니라 시민을 대하는 저의 태도에도 크게 영향을 끼쳤어요.

다. 제가 전국 최초로 야 5당과 시민단체의 단일 후보로 당선되었기에 기대감은 더욱 컸고, 그만큼 갈등과 고통 역시 훨씬 심각한 수준으로 치달은 것이지요.

일부 시민단체의 책임자들은 차마 공개할 수 없는 압박과 비난을 지속했고, 공직자들 사이에서도 역시 진보적인 시장이 선출되니까 일이 너무 힘들어졌다는 불평과 눈치보기식 행정이 이어졌습니다. 의회는 시장의 역점적인 자치 예산만 싹둑 삭감해서 핵심 동력을 상실하게 만들었고요.

이런 과정을 약 2년 정도 거치면서, 자치분권을 위한 조례 제정과 기존의 주민자치위원 및 일반 시민을 대상으로 한 체계적인 교육 그리고 시정주민참여위원회와 참여예산위원회, 시민감사단 구성 등 조직을 다져갔습니다. 104만이라는 대도시의 특성을 감안해서 특정 단체만을 위한 시민참여자치가 되지 않도록 SNS 시민소통 시스템 또한 다양화시켰고요.

고양이 캐릭터와 '~고양'과 같은 고양이 문체로 대한민국 소셜미디어의 새 지평을 연 고양시 SNS가 대표적인 사례라고 할 수 있습니다. 14만에 달하는 팔로워가 있는 고양고양이가 저보다 더 인기가 좋아서 때로는 서운할 정도니까요.(웃음)

이와 같은 고양시의 자치 인프라와 함께 혁신적인 희망보직 인사 시스템을 통해서 창조적인 교육을 받은 공직자 그리고 각 분야의 전문성을 지닌 104만 시민이 함께 대한민국 최초의 시민자치혁명을 펼치는 것이 저의 꿈입니다. 이 길이 문재인정부가 추진하는 '연방제 수준의 자치분권 개헌'을 지방정부 차원에서 성공적으로 실현하는 방도이기도 하고요.

한반도 평화와
북핵 해법

:: 김정은과 트럼프

페이스북을 보니까 3차 한미정상회담에 대한 흥미로운 평가가 있었는데요. "트럼프는 충분히 대화가 가능한 철저한 비즈니스맨이다"라고 말씀하셨어요.

트럼프 대통령이 3차 정상회담차 한국을 방문한 직후부터 일거수일투족을 유심히 분석했습니다. 결론은 그가 철저히 미국의 이익만을 중시하는 비즈니스맨이라는 판단이었습니다. 한미 FTA 재협상, 미국 군산복합체와 무기사업자의 권익 대변 등 초강대국의 힘을 내세워 다양한 재정적 부담을 한국에 전가시키고, 세계 각국의 대미 투자를 제고시키려는 집요함이 보였어요. 다행스럽게도 문재인 정부가 이런 트럼프의 성격과 행태를 이해하고 이성적이고 합리적으로 잘 대응을 해오고 있다고 봅니다.

_____ 그렇다면 트럼프의 외교 전략은 트럼프 대통령 스스로가 미치광이라 비난하는 김정은의 위험천만한 핵 보유정책과 충돌할 가능성이 있지 않을까요?

_____ 미국이 그동안 국제사회에서 세계 경찰국가를 표방하면서 전쟁에 참여한 사례는 베트남, 한국, 아프가니스탄, 이라크에서의 전쟁 등이었습니다.

이뿐만 아니라 이란, 이라크와 북한 등을 '악의 축' 국가로 규정하기도 했고, 전 세계의 독재자를 직접 체포하거나 사살한 사례도 있었죠. 파나마의 노리예가와 아프가니스탄의 빈 라덴 그리고 이라크의 후세인.

특히 이라크에 대한 군사 공격이 감행된 것에 대해서는 후일 미 의회에서 이라크의 대량살상무기(WMP)에 대한 허위과장 보고가 그 원인이었다는 비판적 반성이 제기되었지요.

다시 말해서 이라크에 대한 군사적 공격을 한 근거는 이라크 내

존재하고 있는 대량살상무기의 위험성이었는데, 이 정보가 허위, 과장된 보고였다는 것입니다. 전쟁이 진행된 이후 미 의회에서 이런 반성이 일어난다 한들 무슨 의미가 있겠습니까? 이미 이라크는 전쟁때문에 엄청난 희생을 겪고 있는데요. 2003년부터 2011년까지 이라크 전쟁으로 인한 이라크 측 인명피해 추정치가 사망자 11만 명, 부상자가 11만 8,000명에 달해요. 상상이 되나요?

_____ 이라크와 같은 사태가 한반도에서도 전개될 수 있다는 말씀인가요?

_____ 그렇습니다. 앞으로 북한의 김정은에 대해 미국의 군사작전이 전개되지 않는다는 보장이 없어요. 더욱이 한반도는 이라크와 달리 남과 북이 맞닿아 있고 접경지역에 인구도 집중되어 있어 인명피해나 재산상의 피해는 상상할 수 없을 정도로 클 테고요.

17대 국회의원으로 재직하던 시절에 미 의회가 공표한 비밀 해제된 자료를 접했는데요. 북한정권하에서 최고 지도자의 갑작스러운 사망이나 급변 사태 혹은 대북 군사 공격으로 북한정권이 붕괴될 경우, 모든 시나리오의 결론은 수백만의 인명 살상과 수천조가 넘는 전쟁 비용 그리고 통일 비용으로 남과 북이 공멸한다는 것이었어요. 우리가 일방적으로 추진하는 흡수통일의 경우에도 결론은 마찬가지

였고요.

미국의 북한 전문매체 '38노스'는 북한이 서울이나 도쿄를 핵무기로 공격할 경우 서울은 사망자만 78만 명을 포함하여 총 350만 명의 사상자가 발생할 수 있고, 도쿄의 경우도 69만 명의 사상자를 포함해 247만 명의 사상자가 발생할 것이라는 경악스러운 시뮬레이션 결과를 2017년 10월경에 발표했습니다. 다시 말해서 전쟁이 발발하면 한반도 전체가 공멸한다는 것이에요.

반세기 넘게 피땀 흘려 일궈낸 우리의 기적과도 같은 경제성장 역시 한순간에 몰락할 것입니다. 이렇게 되면 세계 11위 경제대국은 사라지고, 살아남은 사람들은 전후 피해 복구에 삶을 바쳐야 할지 모를 일입니다. 또 다른 누군가들은 세계 각지에 난민으로 정치 없이 떠돌게 될 수도 있고요. 생각만 해도 소름끼치는 일이 아닐 수 없습니다.

그렇기 때문에 현재 트럼프 대통령이 추진하는 해상 봉쇄, 대북 선제공격, 김정은정권 붕괴 전략과 같은 공화당의 대북군사정책은 매우 위험합니다. 성공해도 성공하지 못한 전략이 될 겁니다. 한국인의 생명은 물론 미국의 국익에도 결코 도움이 되지 않으니까요. "세상에 좋은 전쟁은 없다. 그 어떤 나쁜 평화도 좋은 전쟁보다 낫다"는 말이 있지 않습니까?

　　　　　| 도전에서 소명으로 |

그렇다면 한반도의 전쟁가능성은 얼마나 있다고 보십니까?

가능성이 얼마나 있느냐가 중요한 것은 아니라고 생각해요. 단 0.1퍼센트의 가능성도 있어서는 안 되기 때문이에요. 사라예보의 총성 두 발로 1차 세계대전이 발발하지 않았습니까? 전쟁이 발발하는 순간 우리가 이룩해온 경제적 번영과 민주적 가치는 끝을 보게 되는 것이지요.

2016년 12월 틸러슨 미 국무장관이 '북한 급변사태'를 공개적으로 언급하며 "미군이 유사시 휴전선을 넘어 북한으로 가야만 하는 상황이 발생하더라도 반드시 남쪽으로 다시 내려올 것이라는 점을 중국 측에 약속했다"고 했어요. 이를 두고 일부 언론에서는 트럼프 대통령의 김정은정권 교체 전략이나 북한 선제타격 움직임이 그만큼 긴박하게 움직이고 있다는 해석을 하기도 합니다. 설상가상으로 한미 양국군은 최근 유사시 북한에 침투해 핵무기를 포함한 대량살상무기를 제거하는 연습을 실시했다는 보도가 있었지요.

이라크 전쟁 당시 이라크 내의 대량살상무기 시설 파괴를 위해 미국이 군사적 공격을 감행한 전례를 보더라도 현재 한반도의 군사적 위기가 얼마나 심각한가를 보여주는 것이에요.

유엔 사무총장은 물론 국제적인 한반도 문제 전문가들 대부분이 현재의 한반도가 지구상에서 가장 전쟁위험성이 높은 나라 중 한

곳이라고 우려를 하고 있지 않습니까? 밥 코커 미 상원 외교위원장
은 심지어 김정은의 위험한 불장난에 대한 트럼프의 미숙한 대응으
로 한반도가 핵전쟁의 위험성이 있다고 공개적으로 주장해 상당한
논란이 되었을 정도예요.

　　이런 심각성 때문에 저는 SNS를 통한 한반도에서의 핵전쟁 반
대와 국제적인 평화운동을 지속적으로 전개해오고 있는데요. 가장
큰 피해에 노출된 대한민국 국민이 SNS를 통해 직접 운동에 참여해
서 김정은 위원장의 북핵 개발 저지 촉구, 대북 선제공격과 같은 트
럼프 대통령의 한반도 전쟁유발 군사행동을 강력히 반대해야 해요.
국민적 반대는 외교적 압박의 근거가 될 수 있으니까요. 이렇듯 활발
한 운동을 토대로 국제사회의 평화인권단체들과 연계해 글로벌 SNS
평화운동으로 확대 전개하는 것이지요.

　　동시에 일본군 성노예 피해자 문제 해결을 위한 유엔 추가결의
안 통과에서부터 노벨평화상 등 국제 평화인권상 수여, 북한 인권상
황 개선을 위한 국제적 운동도 병행해야 할 것이고요. 이미 고양시에
서는 2016년부터 추진해오고 있는 부분입니다.

____　　일각에서 '김정은 참수 작전'이 거론되고 있습니다. 이것을
어떻게 바라보십니까?

성사 가능성을 떠나 매우 위험한 군사전략이에요. 특히 남북한처럼 군사적으로 밀집되어 있는 경우에는 한반도 전체가 전쟁 등의 급변 사태로 전환할 가능성이 매우 높습니다. 따라서 트럼프 대통령이 이런 군사작전을 감행하려고 해도 한국정부가 강력히 막아야 할 입장이죠.

제가 알고 있는 중국 내 최고의 북한 문제 권위자는 사석에서 "중국의 시진핑 주석은 트럼프 행정부의 김정은 위원장 참수 작전을 묵인할 가능성이 있다"면서 "실제 미중이 합의 가능한 유일한 전략은 김정은 참수 전략"이라는 충격적인 입장을 밝힌 바 있습니다. 이분은 김정은 위원장도 몇 차례 만난 바 있는 중국 내 인사로서 남북한과 북중 관계에 정통한 인사입니다.

"김정은이 최근 중국의 대북 압박에 대해 크게 분노하면서 미국에 대한 자포자기식 대외 도발 못지않게 중국의 태도에 대한 강도 높은 비판을 쏟아부었다"라고도 전해주었어요. 김정은의 최측근 인사로부터 직접 이런 메시지를 전달받았다고 강조하면서요. 왕양 중국 부총리도 최근 혈맹 관계였던 북중 관계가 북핵 문제로 인해 대립 관계로 전환되었다는 의미 있는 발언을 하기도 했고요.

그 직후 시진핑 주석이 대북 특사를 파견했으나 결국 현재의 냉랭한 북중 관계를 고스란히 드러냈죠. 빈손으로 귀국했잖아요. 그럼에도 마주보는 열차와 같은 북미관계와 미국 및 한국정부의 입장을 잘 알고 있고 김정은에 대해서도 비중 있는 역할을 할 수 있는 중국이 대북 특사를 파견했다는 점은 중요한 포인트예요. 또 다른 차원에서는 한·중간 사드 추가 배치, 미국의 MD참여, 한·미·일 군사동맹 참여 등에 대한 문재인정부의 입장과 관련해서는 긴장관계가 지속될 것으로 보입니다.

:: 위기의 한반도, 해법을 찾아라

_____ 북한전문가로서 김정은의 2018년 신년사를 어떻게 해석하고 향후 남북관계를 어떻게 전망하십니까?

_____ 김정은 위원장은 2018년 신년사를 통해 북한의 핵무력 완성을 주장하면서 "미국 본토 전역이 핵 타격 사정권 안에 있으며, 핵 단추가 나의 책상 위에 놓여 있다. 미국은 결코 나와 우리 국가를 상대로 전쟁을 걸어오지 못한다"고 주장했습니다.

그러나 한편으로는 "2018년 개최되는 평창 동계올림픽에 북한 대표단을 파견할 용의가 있다"며 "이를 위해 남북 당국이 시급히 만날 수 있을 것"이라면서 사실상 남북대화를 공식 제안했지요.

이에 대해 문재인정부는 "그간 남북관계 복원과 한반도 평화와 관련된 사안이라면, 시기, 장소, 형식 등에 구애됨 없이 북한과 대화할 용의가 있음을 밝혀왔다"며 즉각적인 환영의 입장을 밝혔고, 뒤이어 남북고위급 회담으로 이어졌습니다. 아주 빠른 속도로 평창 동계올림픽에 북한 선수단의 참가가 합의된 것이에요.

한편 남북대화에 적극적인 지지의사를 보이고 있는 유엔 및 국제사회와 달리 트럼프 대통령은 공개적으로는 "문재인 대통령의 남북대화 재개를 100퍼센트 지지한다"고 표방했지만, 추가적인 북미대화 등에 있어서는 아직도 트럼프 대통령과 미 행정부의 외교안보라인 간 의견일치가 이루어지지 않은 상황입니다. 하지만 우리 정부 입장에서는 아주 어려운 문제를 풀어낸 큰 외교적 성과라 할 수 있어요.

______ 최성 시장님께서 지속적으로 정책제언을 한 것처럼 평창 동계올림픽을 계기로 북한 선수단의 파견을 포함한 남북고위급 회담까지 성사되었는데요. 구체적으로 어떤 합의가 이루어졌고, 어떤 의미가 있습니까?

______ 무엇보다도 문재인 대통령께서 수시로 역설하신 것처럼 한반도의 군사적 긴장을 해소하고, 전쟁을 억제하기 위해서는 평창 동계올림픽이 '평화올림픽'이 되어야 한다는 점에서 때늦은 감은 있어

요. 하지만 북측 선수단의 참가를 위한 남북고위급 회담의 성사는 아주 큰 의미가 있습니다. 인내심을 갖고 한반도 평화정착을 위해 노력해온 문재인 대통령의 외교역량을 보여준 것이죠.

2018년 1월 문재인정부 출범 이후 열린 첫 남북고위급 회담에서 북한의 평창 동계올림픽 참가, 남북 군사당국 회담 개최, 한반도 문제의 당사자 해결 등을 골자로 한 합의를 도출했습니다.

보다 구체적으로 살펴보면 평창 동계올림픽과 관련해서는 북측이 고위급 선수단과 함께 민족올림픽위원회 대표단, 선수단, 응원단, 예술단, 참관단, 태권도 시범단, 기자단 등 매머드급 대표단을 파견키로 했지요.

또한 이번에 합의된 군사당국회담은 당장은 평창 동계올림픽 대표단 파견 과정에서 필요한 군사적 보장과 편의를 우선 논의하는 것이지만, 추후 군사분계선상에서의 적대행위 중단 문제뿐만 아니라 북한의 핵실험과 미사일 발사 등 북핵 고도화에 따른 갈등 문제, 한미연합 군사연습과 미국 전략자산의 한반도 전개 문제 등 군사현안 전반을 논의하는 군사회담으로 발전될 가능성이 높습니다.

하지만 한반도 평화장착의 관건이라 할 수 있는 북핵 문제에 대해서 북한은 물론 미국 역시 북미 간에 해결해야 할 중심의제로 설정하고 있기 때문에, 남북 당국 간 회담과 더불어 북미 직접대화, 6자회담과 같은 다자회담을 병행해야 할 것으로 보입니다.

이런 상황을 종합해보면 트럼프 대통령의 비난처럼 김정은 위원장을 단순히 '정신병자'로만 평가할 수는 없고, 나름대로 정교하고도 무서운 전략과 전술을 가지고 있다고 보아야 할 것 같습니다.

이러한 북한의 입장에 대해 문재인정부는 김정은 위원장이 핵무력 완성을 바탕으로 대미 핵 억제력에 대한 자신감을 표현하는 한편, 구체적으로 추가도발을 시사하지 않고 있지만 핵능력 고도화는 지속해나갈 것으로 전망하고 있습니다.

남북관계에 대해서는 평창 동계올림픽 북측 선수단 참여처럼 남북 간 다방면의 접촉과 왕래 등 적극적인 남북관계 개선 의지를 표명할 것으로 보고 있어요. 하지만 이산가족 상봉 문제와 같은 인도적 사안 역시 북한 집단탈북 여성의 송환과 연계시킨 것으로 알려져 쉽지만은 않고요.

문제는 북한이 핵 개발을 멈추지 않으면서 전략적인 차원에서 대남 대화 제의를 하고 있기 때문에 향후 북핵폐기를 위한 한미 간의 균열가능성 및 국제사회와의 공조 문제에 있어서 여러 가지 난관이 예상됩니다.

문재인정부가 출범한 2017년만 해도 문재인 대통령의 적극적인 남북대화 제의에도 불구하고 미사일을 17번이나 발사했고, 6차 핵실험까지 감행했지 않습니까? 언제든지 대륙간 탄도미사일을 추가발사할지 모르는 일이지요. 반대로 트럼프 대통령이 문재인정부의 독자적인 남북대화에 대해 평창 동계올림픽 이후에는 강력히 제동을 걸 가능성도 높고요.

따라서 문재인정부는 평창 동계올림픽을 계기로 어렵게 형성된 남북 간 고위급 대화의 채널을 지속적으로 강화하면서, 북한이 핵 동결 및 폐기를 통한 한반도 평화정착 프로세스에 동참할 수 있도록 한반도 운전자로서의 역할을 증대해나가야 할 것입니다.

_____ 그렇다면 통일 외교 안보 전문가로서 본인이 제안하는 평화 해법이 있다면요?

_____ 북한을 벼랑 끝으로 몰아서는 안 됩니다. 트럼프 행정부가 비중 있게 검토하는 참수 작전이니 선제공격 같은 말도 최대한 자제해야 합니다. 이런 형태의 압박은 대남 도발로 연결될 위험성을 갖고 있으니까요.

북한이 핵을 포기하게 만들려면 이에 상응하는 반대급부를 준비해서 포괄적으로 일괄타결해야 합니다. 체제 보장 및 국제사회 차원의 대북 지원 등이 되겠지요.

현 단계에서는 평창 동계올림픽을 계기로 마련된 남북고위급 대화채널을 활용하고, 트럼프 대통령과의 한미 공조, 시진핑 중국 주석을 포함한 국제사회의 광범위한 지지를 토대로 DJ식 포괄적 일괄

　　　　　　　| 도전에서 소명으로 |

타결을 추진하는 것이 가장 현실적이라고 생각합니다. 이 과정에서 북핵 폐기를 위한 남북정상회담 개최도 검토 가능하고요.

여기에서 한 걸음 더 나아가 남북한과 중·러·일이 긴밀하게 연결된 동북아 공동 번영 프로젝트도 생각해봅니다. 김대중·노무현 정부에서부터 추진해왔던 철의 실크로드 프로젝트도 다시 진행되어야 하겠고요. 김정은 위원장의 측근으로 알려진 중국 내 북한 담당자에게 EU 형태의 동북아 경제공동체에 김정은 위원장이 특별한 관심을 갖고 있다는 이야기를 들은 적이 있습니다. 북한 내부에서도 이에 대한 연구가 진행 중이라 하고요.

_____ 문재인정부도 대북 특사 파견을 해야 하는 것 아닌가요?

_____ 우선 평창 동계올림픽에 대한 북측 대표단의 파견 문제를 협의하기 위해 남북 당국 간 채널을 최대한 유지, 활용한 이후 북핵 해결의 포괄적 타결을 위한 특사 파견을 적절한 시점에 검토해야 한다고 생각합니다. 시진핑의 대북 특사 파견이 이뤄지기 몇 주 전에 이미 한국, 미국, 중국의 대북 특사 파견이 필요하다는 정책 제언을 공개적으로 한 바 있어요. 이런 입장을 요로에 전달하기도 했고요.

우선 문재인정부의 대북 특사는 조명균 통일부 장관에서부터 문재인 대통령의 멘토그룹이라고 할 수 있는 한완상, 임동원, 정세현, 이종석 전 통일부 장관 같은 분들도 적임이라고 봅니다. 가장 중요한 것은 문재인 대통령의 의중을 가장 잘 알고, 또 문재인 대통령이 가장 신뢰하면서 북한이 상대적으로 거부하지 않는 인사면 더욱 좋겠지요. 가급적 전문성이 없는 정치권 인사는 배제하는 것이 낫다고 보고요.

_____ 미국의 대북특사에 대해서는 어떤 생각을 갖고 계신지요?

_____ 미국의 대북특사 파견에 대한 의견을 말하기 전에, 트럼프 대통령은 자신의 충동적 발언과 일관성 없는 대북정책에 대해 체계적이고 종합적인 입장 정리를 선행해야 해요. "나는 북한보다 더 큰 핵버튼이 있다"는 발언에 대해 미국 CNN조차 "정신상태가 의심스럽다"는 논평을 냈지요.

이런 전제하에 말씀드린다면 트럼프의 멘토라 할 수 있는 키신저 전 국무장관이나 조셉 윤과 같은 6자회담 미국대표 같은 인사가 대북 특사로 파견되어야 한다고 봐요. 조셉 윤은 트럼프의 최측근 한반도 전문가이자 복심이라는 점에서, 키신저는 큰 틀을 이해하는 트럼프의 외교분야 멘토라는 점에서 적절하다는 의견이에요.

일부에서는 키신저의 경우 한국을 철저히 배제한 미중 간의 정치적 타협으로 문제를 해결하려고 하기 때문에 바람직스럽지 않다고 하지만, 저는 일단 트럼프를 통제하고 설득할 수 있는 키신저도 무방하다고 봅니다. 한국과의 철저한 조율을 거쳐 한미동맹 강화와 한 · 미 공조 속에서 북핵 포기를 유도해내는, 일종의 공동대북특사의 성격이 되겠지요.

최근 미 국무장관이 '조건없는 대북직접대화'를 언급한 것에 대해 백악관은 즉각 반대입장을 피력했지만, 북미 직접대화를 통해 현안의 쟁점을 정면돌파해야 하는 상황임은 분명해 보입니다. 미국의 대북접근도 '조건 없는 고위급 직접대화'로 무게중심이 서서히 옮겨지고 있고요. 특히 평창 동계올림픽 참가를 계기로 복원된 남북 당국 간 대화창구가 재개되었기 때문에, 북한으로서도 북미 직접대화를 통한 북미 현안 및 북핵 문제의 일괄타결이 필요한 시점이지요.

_____ 미국, 중국, 일본의 대북특사가 파견된다면, 김정은에게 어떤 핵심메시지를 던지게 될까요?

_____ 남북 당국 간 대화의 일시적 재개에도 불구하고 북한이 지속적인 핵실험과 추가적인 대륙간 탄도미사일 발사를 추진할 경우 트럼프 대통령은 김정은 참수 작전이나 대북 선제공격 등을 충분히

검토할 수 있다는 압박과 함께 북핵 포괄적 일괄 타결을 전향적으로 수용하라는 메시지를 전달할 필요가 있습니다.

_____ 최근 유엔 사무차장이 방북을 하는 등 북핵 해법을 마련하기 위해 적극적인 노력을 하고 있습니다. 향후 유엔을 포함한 국제사회의 외교적 역할은 어떻게 생각하십니까?

_____ 이번 유엔 사무총장은 유엔의 개혁에 대해서도 관심이 많고, 북핵 문제 해결을 위해서도 미국과 다른 목소리를 내고 있는 것 같습니다. 최근 남북 간 대화채널의 재개에 대해서도 즉각적인 환영 입장을 피력했지요.

트럼프 미 대통령이 자국의 경제적 이익을 위해서 그리고 국제적인 보수 지도자의 위상을 지속하기 위해서 김정은과 같은 희생양을 필요로 할 것이기 때문에 쉽게 해결의 실마리를 찾기 어려울 것으로 봅니다. 유엔과 EU 등에 국제적인 네트워크를 가지고 있는 강경화 외교부 장관이 유엔 사무총장의 방북을 비롯해서 북핵 문제의 포괄적 일괄 타결을 위한 전방위적인 노력을 펼쳐야 해요.

트럼프 대통령을 설득하기 위해서도 미국 내 공화당을 비롯한 보수 인맥을 통해 현재와 같은 트럼프의 행보가 궁극적으로 한미 동맹의 강화 및 미국의 국익에도 도움이 되지 않는다는 사실을 집중적

   | 도전에서 소명으로 |

으로 상기시켜야 합니다. 이런 여론은 미국 코리아 소사이어티 등 합리적인 보수 그룹 사이에서도 광범위하게 형성되어 있어요. 이뿐만 아니라 최근 복원된 남북 간 핫라인을 활용해서 북한 핵폐기와 6자회담 재개 등 근본적 해법 마련이 필요하다는 여론도 조성되어야 합니다. 이렇듯 외교는 총체적이고 전방위적으로 이루어져야 합니다. 가령 이 중 어느 한 라인이 막힌다고 해도 큰 문제가 일어나지 않도록 말입니다.

_____ 그렇다면 문재인정부는 꽉 막힌 남북 간의 핫라인 가동을 위해서 어떤 노력을 해야 할까요?

_____ 이명박·박근혜 정권을 통과하는 동안 우리의 대북정책은 사실상 전무했습니다. 이제 컨트롤타워가 확고하게 다시 섰으니 단기, 중장기 로드맵을 수립해 실행해나가야겠지요.

다만 외교는 국내 정치의 연장이고 그 외교의 주체 또한 대통령이나 외교부 혹은 통일부 장관만 해당되는 것이 아닙니다. 제가 알기로는 남북 간에도 다양한 대화창구가 가동되고 있는 것으로 알고 있습니다. 공식적인 특사 자격을 부여받지는 않았지만, 남북 정상에게 보고될 수 있는 핵심 인사들이 정부, 민간, 지자체 그리고 국제적인 인맥을 통해 직간접적으로 포진해 있다고 봐요.

아울러 직접 연관되지는 않지만, 일본에서 개최된 동아시아 국제 축구 대회에서 남북 간 축구 경기가 열린 것이나 중국에서 열린 한국, 중국, 북한 청소년 축구팀이 참가하는 '아리스포츠컵 국제유소년 축구대회' 등은 민간 교류 차원에서 나름대로의 의미가 있는 것입니다. 특히 평창 동계올림픽을 앞두고 최문순 강원도지사를 중심으로 강원도와 북측 민간체육단체와의 교류가 이어지고, 국제 IOC 위원장이 평창 동계 올림픽의 북한 선수단 참여를 위해 방북 의사를 강력히 피력한 것도 비정치적 분야인 민간과 지방정부 차원의 사회문화 교류가 확대, 지속된다는 의미를 지니는 것이지요. 이로 인해 평창 동계올림픽이 남북 당국 간 대화를 복원시킴은 물론 그동안 중단되었던 이산가족상봉과 같은 인도적 교류사업, 남북체육교류, 농림수산 협력사업 등 다양한 분야에서 남북교류 협력사업의 재개 가능성도 커질 테고요.

새벽이 오기 위해서는 짙은 어둠을 반드시 거쳐야 합니다. 남북 간의 화해와 한반도 평화정착을 위해서는 북핵 폐기라는 매우 힘든 과정을 거치지 않으면 안 됩니다. 지금 문재인정부가 추진하고 있는 신중하면서도 일관된 대북정책은 매우 열악한 조건하에서 취할 수 있는 최선의 방법이라고 생각합니다.

:: 고양에서 시작되는 평화

_____ 다소 제한적일 것이라 생각됩니다만, 현재 고양시장으로서 한반도 평화정착을 위해 할 수 있는 일이 있다고 보십니까?

_____ 당연할 뿐만 아니라 매우 중요합니다. 중앙정부가 하지 못하는 일을 지방정부와 민간단체가 해내기도 하지요. 정부는 이를 측면에서 도와주어야 하고요. 저는 김대중 대통령를 모시던 시기부터 국제적인 네트워크를 확립해왔습니다. 이 네트워크에는 미국 국무성의 한반도 책임자나 김정은 위원장과 맥이 닿아 있는 중국 내 인사들도 있습니다. 저는 이들과 지속적 교류를 나누면서 북핵 해결 및 평화정착 방안에 대해 계속 소통해오고 있으며 인적 네트워크도 확대해나가고 있습니다.

예를 들면 문재인 대통령이 1차 한미정상회담 후 독일에서 개최된 G20 정상회의 참석차 독일을 방문했을 때 저는 워싱턴과 뉴욕에서 미 국무성 한반도 핵심 관계자 및 해리태지 재단, 코리아 소사이어티 회장과 만나 깊숙한 대화를 나누었어요. 이 과정에서 미 국무성의 핵심 관계자는 문재인정부에 대한 트럼프 행정부의 인식과 기대를 진솔하게 전해주기도 했고요.

한편 중국 내 최고의 북한 전문가는 김정은의 일거수일투족에 대해 다양한 정보를 접하고 있다면서 최근 김정은의 심적 상태와 발언, 향후 핵 보유전략의 목표 등에 대해 소상한 정보를 제공해주었습니다.

지자체장으로서도 책임감을 느낍니다. 독일 통일 과정을 살펴보면 지방정부와 민간 교류가 크게 기여했다는 것을 알 수 있거든요. 우리도 평화를 위한 지자체 차원의 교류가 활성화되어야 합니다. 특히 고양·파주 등 북한과 지리적으로 인접한 경기 북부 지역의 역할이 중요하지요.

제가 그리는 평화통일특별시로서의 고양시의 미래는 '평화통일경제특구법'에 잘 나타나 있습니다. 현재 국토교통부 장관인 김현미 의원께 대표 발의를 요청드렸던 것이고 현재는 국회의 통과를 고대하고 있습니다.

최근 통일부를 통해 확인한 바에 따르면 국회 차원에서 고양시의 평화통일경제특구법안을 비롯한 경기 북부 지역의 여러 법안을 종합하여 통합입법 제정을 적극적으로 추진하고 있다고 합니다. 이 법안의 핵심은 남북접경지역을 통일경제특구화할 경우 해외자본 유치와 국내 기업의 투자에 있어서 각종 혜택과 지원책을 마련하는 것이에요.

이 법이 제정된다면 고양시는 물론 파주와 연천 등의 경기 북부 지역이 남북교류 협력의 중심이 될 것입니다. 그동안 군사 보호 구역

이제 서른한 분밖에 남지 않은 어르신들을 위한 특별법 요청이 문재인정부 출범 이후 법 개정으로 이어졌습니다. 이제서야 양어머니로 모시고 있는 이옥선 어머님께 조금이나마 효도를 한 것 같습니다. 아베 정권이 무릎 꿇고 사죄하는 그날까지 싸워야지요.

등으로 저해되었던 지역 발전과 훼손된 시민들의 재산권도 증진될
것이라 기대합니다.

_____   우리의 외교 문제에서 빼놓을 수 없는 것이 일본군 성노예
피해자 문제인데요. 대표로 청원하신 '위안부 특별법'이 일부 개정안
에 반영되었어요.

_____   반 정도의 성과는 거둔 것 같아요. 위안부 특별법이 제정된
것은 아니지만, 기존의 위안부 관련법을 개정해서 일본군 성노예 피
해자 어르신들을 기리고, 추모 사업을 할 수 있는 법적 · 재정적 근거
를 마련할 수 있게 되었어요.

저도 국회에 있어봤지만, 법이 제정된다고 해서 문제가 해결
되고 정의가 실현되는 것은 아니지 않습니까? 하루속히 굴욕적인
한일 간 위안부 합의가 폐기되고, 이제 서른한 분밖에 남지 않은
일본군 성노예 피해자 어르신들에 대한 아베정권의 사죄와 배상
그리고 책임자 처벌이 이루어져야 우리의 소망이 이루어지게 되
는 것이죠. 그날까지 끝까지 싸울 것입니다.

    | 도전에서 소명으로 |

문재인정부의
미래 비전 프로젝트

:: 통일한국의 실리콘밸리

민주당 대선 경선 때부터 판넬을 들고 '통일한국의 실리콘 밸리 프로젝트'를 열심히 강조하셨어요. 이 프로젝트를 굳이 민주당 대선 경선에서까지 비중 있게 제안한 이유는 무엇인가요?

내용을 모르고 프로젝트 이름만 들으면, 너무 거창해 보이는 데요. 실제로는 매우 구체적이고 현실적인 프로젝트입니다. 물론 이 미 확정된 프로젝트고요. 실제 내용을 살펴보면 문재인정부 최대 민 간 일자리 프로젝트라는 것을 쉽게 알 수 있어요.

6조 7,000억 원 투자에 25만 개의 일자리 창출, 30조 원의 경제 효과를 가져다줄 것으로 기대되는 '통일 한국의 실리콘밸리'는 고양은 물론 경기도 발전, 나아가 대한민국의 미래 100년을 위한 초대형 프로 젝트입니다. 이 프로젝트를 지난 경선에서 문재인 대통령께 제안했고, 흔쾌히 동의하셨던 문 대통령 은 고양시를 경기 북부 산업의 심장으로 만들겠다고 공약하셨습니다.

이 프로젝트는 민주당 경선에 참여하겠다는 결단을 하게 된 또 다른 요인인데요. 수치상으로만 봐도 6조 7,000억 원 투자에 25만 개 일자리 창출, 30조 원의 경제 효과를 가져다줄 것으로 기대되는 프로젝트예요. 100만 도시의 고양은 물론 경기도 발전, 나아가 대한민국의 미래 100년을 위해 반드시 성사시켜야 할 초대형 프로젝트인 셈이지요. 그렇기에 제가 직접 대통령이 되거나 최소한 대통령이 될 후보들과 공동정책협약을 맺어야 하겠다는 의지가 있었습니다. 다행스럽게도 저의 제안을 문재인 후보께서 흔쾌히 동의해주셔서 프로젝트를 추진하는 데 날개를 달게 되었어요. 문재인 대통령께서 대선 본선 당시 고양시 유세 현장에서 "고양시를 경기 북부 산업의 심장으로 만들겠습니다. 경기 북부 테크노밸리, 방송영상밸리, 킨텍스 제3전시장을 잇는 방송, 영상, 전시, IT산업의 메카로 육성하겠습니다!"라고 말씀하신 것만 봐도 알 수 있겠지요?

＿＿＿ 통일한국의 실리콘밸리 프로젝트, 세부적으로 어떤 사업들이 있는지 설명해주시겠어요?

＿＿＿ 대한민국에서 가장 성공했다는 산업 단지가 연매출 70조 원을 달성한 판교 테크노밸리거든요. 그 판교 테크노밸리를 능가할 국내 최대의 R&D, IT 산업단지인 '고양 일산 테크노밸리'가 들어오게

돼요. 1조 6,000억 원에 달하는 신규투자와 1,900여 개의 기업 유치와 1만 8,000명의 고용유발효과가 기대되고 있고요.

여기에 약 6,000억 원의 사업비가 투입, 70만 제곱미터에 걸친 방송영상문화 콘텐츠밸리는 CJ가 약 2조 원을 투자해 조성하게 되는 국내 최대 한류문화 테마파크와 연계되어 방송영상문화 집적화를 이루고 한류문화 콘텐츠 거점지역의 중심으로 발전되리라 전망하고 있습니다.

그에 앞서 고양 청년 스마트타운 및 IoT 융복합단지 등 대한민국의 대표적 스마트시티 모델 사업이 확정된 거예요. 총 100만 평에 달하는 지역에 통일 시대를 대비한 대규모 4차 산업혁명 근원지를 만드는 것이지요. 전기차와 지능형 로봇, 3D 프린팅, 항공우주 및 드론산업, 제약과 바이오 등 고부가가치를 창출할 수 있는 4차 산업혁명 단지를 조성하고 있습니다. 동시에 킨텍스에서 강남까지 22분 만에 갈 수 있는 고속 급행철도인 GTX와 교통 결집지로서 수도권 서부권역 랜드마크가 될 대곡 역세권 그리고 건설 및 운영단계에서 1만 7,000개의 일자리창출과 2조 5,000억 원의 지역경제 파급효과가 기대되는 자동차 서비스 복합 단지 등과 긴밀히 연계되어 균형발전을 이루며 고양시 전역에 새 바람을 일으키게 될 것으로 기대하고 있어요.

통일한국의 실리콘밸리와 같은 대형 일자리 프로젝트도 중요하지만, 당장의 비정규직 문제라든지 일자리 양극화 문제도 시급한데요. 어떻게 생각하십니까?

맞습니다. 아무리 대형 국책사업을 추진해도 대기업을 중심으로 한 정경유착의 재벌 구조가 해체되지 않고서는 중소기업이나 자영업이 설 땅이 없게 됩니다. 900만에 달하는 비정규직 문제 해결도 요원하고요.

문제는 현재의 여건에서 지방정부는 일자리 양극화 및 비정규직 문제 해결을 하기가 쉽지 않다는 거예요. 고양시만 하더라도 문재인정부 출범을 전후해서 500여 명에 가까운 비정규직을 정규직화했지만, 국가 차원의 획기적 처방이 없다면 근본적 해결이 힘들지요.

그래서 저는 민주당 경선 과정에서 일자리 양극화 해소를 위해 정경유착의 재벌 구조 해체를 통한 대기업과 중소기업의 상생발전을 추진해야 한다고 주장했어요. 좀더 구체적으로는 재벌의 법인세 실효세율을 인상하고 부의 부당한 대물림을 방지하는 한편 동네 빵집과 같은 골목상권에 대기업이 진출하는 것을 원천적으로 금지하는 중소기업 보호법을 제정하자는 대안을 냈고요.

한편 안정된 소득 주도의 성장환경을 마련하기 위해서는 국민

들의 가처분 소득을 잠식하는 가계부채 해결이 급선무예요. 평균 가
계부채가 무려 6,000만 원에 이르는 상황에서는 좋은 일자리가 많이
만들어져서 늘어난 소득으로 소비를 확대하고, 내수활성화 및 성장
으로 이어지는 경제선순환 구조를 만들어야 해요. 이를 위해서는 미
래 그리고 유사시의 불안을 완화시켜 소득이 곧 내수의 확대로 이어
질 수 있도록 실직과 은퇴에 대비한 일자리 안전망 확대도 매우 중
요하고요. 다시 말해서 소득주도 성장을 통한 일자리 경제정책이 필
요한 것이지요.

900만 비정규직 문제 해결을 위해서는 동일노동 동일임금을 실
현해서 정규직 임금의 절반에도 못 미치는 비정규직의 임금을 현실
화시키는 한편, 상시적 업무는 정규직 고용을 의무화하자는 것이었
습니다. 다만 비정규직 문제 못지않게 상당수의 실업 문제 해결을 위
해서는 기본소득 보장을 통해 실업자들의 생존 및 재취업의 기회를
보장해주어야 하고요.

:: 내일을 위한 청년정책

통일한국 실리콘밸리 내 청년 스마트타운을 조성해서 청년
들의 주거 일자리 문제를 함께 해결하겠다고 강조하셨는데요. 어떻

   | 도전에서 소명으로 |

게 추진되고 있습니까?

_____ 문재인정부 출범 이후 야심적으로 추진하고 있는 행복주택 사업의 기본 구상이 사실은 고양 청년 스마트타운에서 출발했다고 해도 과언이 아닐 것입니다.

왜냐하면 박근혜정권 시절에 고양시는 국토부, 한국토지주택공사(LH)와 기존의 행복주택사업을 협의할 때, 청년들을 위한 행복주택에 세계적 추세인 스마트시티와 같은 최첨단 시스템을 접맥시키지 않으면 안 된다는 입장을 함께 공유하고 설득했어요. 대규모의 공공부지를 확보하여 청년들의 벤처타운을 조성하는 내용의 합의서를 관철시켰던 것입니다. 이 과정에서 현재 킨텍스 대표로 계시는 임창열 전 경제부총리와 현재 국토교통부 장관이신 김현미 국회의원께서 큰 도움을 주었고, 깊이 있는 협의를 진행했어요.

1년 넘는 과정을 거쳐 합의 추진된 고양 청년 스마트타운은 한국토지주택공사에서도 대한민국의 대표 청년 스마트사업으로 확대시켜 국제적인 수출을 목표로 업그레이드시켰고, 문재인정부 출범 이후는 대규모 임대주택 사업으로 발전하게 된 것으로 저는 봅니다. 큰 보람을 느끼고 있어요.

_____ 청년 문제를 근본적으로 해결할 수 있는 비책이라는 뜻이지

요? 청년수당 같은 성격의 정책이 아닌 거요.

청년들이 내 집 마련에 걸리는 시간이 약 7년 4개월이에요. 그것도 3,000만 원 정도의 평균소득을 지니고 있는 청년이 '한 푼도' 쓰지 않고 모았을 경우에 말이지요. 1년에 100만 원을 지원하는 것으로 어떻게 청년 문제가 근본적으로 풀리겠습니까? 오랫동안 고민한 끝에 청년들에게 가장 절실한 주거불안은 물론 일자리 문제 그리고 문화 복지를 종합적으로 해결할 수 있는 것이 바로 청년 주거·일자리 복합타운이라고 답을 내렸어요.

청년과 신혼부부를 위한 5,500세대의 임대주택과 청년 벤처기업인과 문화예술인들을 위한 다양한 주거공간을 마련했고요. 여기에 국제적인 경제인 센터와 예술대학 그리고 제2의 개성공단과 유엔 평화인권기구를 유치하기 위한 공공 부지까지 확보했어요.

고양시의 청년 스마트타운을 유치하기까지 어려움은 없으셨나요?

많았죠. 우선 한국토지주택공사가 고양시처럼 넓은 공공부지에 스마트시티 기술을 도입하면 엄청난 예산이 투입되기 때문에 수지타산이 맞지 않다는 겁니다. 그렇다면 하지 말라고 했지요. 청년

 | 도전에서 소명으로 |

들을 위한 복합타운을 조성하는데 최고의 시설을 구비해야 하는 것 아니냐며 오히려 강하게 설득했어요.

우연인지 필연인지, 미국 스마트시티 국제회의에 참여하기 위해 비행기를 탔는데, 제 옆자리에 한국토지주택공사의 관련 책임자가 타고 있던 거였어요. 몇 시간을 설득했지요. 결국 고양 청년 스마트타운을 전국화시키고, 이 모델을 해외로 수출하는 것을 추진하겠다는 답을 기어이 받아냈어요. 나중에는 "정말 끈질긴 스토커 시장"이라고 하더군요.(웃음)

_____ 청년 스마트타운 외에도 청년일자리와 주거문제를 해결하기 위한 정책이 많을 텐데, 몇 가지만 말씀해주신다면요?

_____ 청년들이 가지고 있는 가장 큰 문제는 좋은 일자리가 없다는 것입니다. 등록금 대출을 안고 사회로 나오고 높은 주거비와 생활비에 시달리는데 질 낮은 일자리밖에 없다는 것이지요.

여러 가지 대책을 생각할 수 있겠지만, 우선 청년고용의무제를 확대하고 중소기업에 청년 추가고용 장려금을 지원하는 것이지요. 이 밖에도 청년 구직 촉진수당 도입 및 블라인드 채용 등 청년의 구직활동을 지원하는 정책을 마련해야 하고, 직무능력 중심으로 채용 관행을 개선해야겠지요. 주거 문제에 있어서도 청년 임대주택을 충

분히 확보하고, 신혼부부에 우선 공급함과 동시에 신혼부부 전용 주
택자금 대출제도를 신설할 필요가 있고요. 이러한 정책들은 대체로
문재인정부의 국정기획과제에 포함되어 있는데요 얼마나 신속히,
내실 있게 추진되느냐 하는 점이 관건이라고 봐요.

지금 청년들이 처한 현실은 우리 사회의 총체적인 문제를 드러
내고 있어요. 헬조선이라는 표현이 난무하는 데 그치지 않고 성인의
3분의 2가 이 표현에 동의를 해요. 대한민국 성인의 절반 이상이 이
민을 생각한다는 조사결과도 있고요.

청년실업율의 경우만 보더라도 모든 문제는 명확해지지요.
OECD 회원국 중에서 한국의 청년실업율 상승 폭이 1위예요. 2위 국
가의 무려 8배를 넘어서는 수치예요. 여기에 '질 나쁜' 일자리가 늘
어나고 있고, 시간제 근로자 비중은 늘어나는 반면 정규직 비중은 줄
고 있어요. 새로 생겨나는 일자리는 대부분이 비정규직이고요.

결국은 중앙정부가 국가적인 차원에서 힘을 써야 대량의 일자
리 창출이 가능합니다. 스마트시티라든가, 4차 산업과 같은 전략적
산업 육성, 지역균형발전을 위한 중앙정부의 고민 등이 함께 있어줘
야 해요. 구조적 제약이 있기 때문에 지방정부에서 독자적으로 하는
데에는 한계가 있거든요.

고양시는 통일한국 실리콘밸리 사업으로 25만 개 일자리 창출
을 기대하고 있습니다. 그러나 이 사업도 결국 경기도와 중앙정부가

함께 끌어가야 하는 일이니, 대통령과 장관, 시장, 군수가 함께 고민하고 실천할 수 있는 형태로 일자리창출 시스템이 개혁되어야 한다는 점이 중요합니다.

_____ 정책적인 부분을 떠나서, 청년들의 오늘을 보면 어떤 생각이 드시는지요?

_____ 미묘하고도 복잡한 감정이에요. 일단 제 자식들이 20대이니 아이들을 통해 그 세대를 보게 되는데요. 높은 세상의 문턱에 너무 일찍 내몰리고 좌절하게 되는 것이 아닌가 싶어요.

솔직히 제 아이들은 상대적으로 좋은 환경에서 자랐는데도 여러 어려움을 겪는 걸 보면, 안정적인 성장 배경을 갖지 못한 다른 젊은이들은 얼마나 더 험난한 과정을 겪고 있는 것일까 생각하게 되지요. 이 사회의 불공정함이나 부정함을 너무 일찍 보게 되면 당연히 열정과 이상, 도전정신을 가질 수가 없지 않겠습니까? 그렇다 보니 많은 청년들이 안정적인 직업을 원하게 되었을 테고요. 이런 흐름이 우려도 되고, 기성세대로서 책임감을 느낍니다.

_____ 고양시는 신혼부부나 청년을 포함해 다양한 연령에 걸친 인구가 지속적으로 증가하고 있지요. 그만큼 도시개발에 대한 생각이

남다르실 것 같습니다.

———　고양시의 삼송, 원흥, 향동 등의 새로운 택지 개발 사업이 제 게는 큰 의미가 있습니다. 제가 앞서 말씀드린 지역은 지금은 수도권 에서 가장 각광받는 행복도시로 발전하게 되었지만, 예전에는 개발 이 전혀 되어 있지 않은 상태였어요. 국회의원 시절, 과도한 군사보 호구역 때문에 지역 주민들이 화장실도 증축할 수 없다는 민원이 제 기되어 국방부 장관을 강력히 설득했지요. 가까스로 택지 개발을 할 수 있도록 했습니다. 물론 택지 개발이 보다 완성도 있게 마무리되기 위해서는 기반시설을 확충해야겠지요. 공공시설이나 문화·복지 시 설을 늘리고 교통 문제도 풀어가야 할 문제입니다.

이렇게 남아 있는 과제가 있음에도 불구하고 저는 일련의 택지 개발이 고양시의 발전에 큰 역할을 했다고 생각합니다. 다른 도시들 은 인구가 줄어드는 반면 고양시는 꾸준히 인구가 늘고 있는 몇 안 되는 도시라는 점도 그 점을 뒷받침하고 있고요. 또 저소득층을 위한 임대주택을 많이 공급하기 위해 노력을 상당히 했습니다. 또 최근에 는 앞서 말씀드린 행복주택, 청년 스마트타운 등도 유치했고요. 젊은 층의 주거 문제를 안정시키는 일이 최우선 과제였어요.

고양시에서의 8년간의 행정에는 이전의 저의 경험을 협치를 통 해 융복합적으로 풀어냈다고 생각합니다. 저만의 독특한 시정이였지요. 그렇다 보니 스스로 느끼는 보람도 컸고, 정책이 실현됐을 때 시민들이 느끼는 만족감도 더욱 높았을 거라고 생각합니다. 시민단체와 학술단체에서 활동했던 것이 큰 거름이 되었고, 대학과 대학원에서 비판적이고 과학적인 사고방식을 가지기 위해 치열하게 훈련한 것도 도움이 되었어요. 물론 국회와 청와대에서 쌓은 경험은 이루 말할 수 없는 자산이 되었지요. DJ라는 거목과 함께 일하며 배운 이념과 정치, 외교와 안보에 대한 시각은 늘 제 내면에 새겨져 있습니다.

:: 평화통일경제특구를 위하여

_____ 850만 평에 달하는 평화통일경제특구법이 국회에 계류 중이지요. 어떤 내용입니까?

_____ 원래는 전임 시장 시절에 JDS(장항·대화·송포)라는 이름으로 추진되었으나, 일보도 전진하지 못했던 사업입니다. 국내외의 경기가 불황이라고는 하나, 제가 볼 때 더 근본적인 요인은 현실성이 없는 개발 계획 때문에 국내외 사업가와 투자자들이 전혀 관심을 가져주지 않았기 때문이라고 봅니다.

_____ 그런 주장을 하는 근거가 있습니까?

_____ 예를 들면 평화통일경제특구 사업이 추진되는 인근 지역에 킨텍스가 위치해 있는데, 킨텍스 지원 시설 부지가 수년 동안 전혀 매각이 되지 않아 전임 시장 시절의 고양시 실질 부채가 6,700억에 달했습니다.

제가 시장이 된 이후 꽃박람회만 하더라도 5년 연속 3,000만 달러 수출 계약을 이룩했고, 킨텍스를 중심으로 한 인근 지역을 국제 마이스 복합 지구 및 관광 특구로 조성하는 등 공격적인 도시 마케팅을 추진했습니다.

특히 평화통일경제특구 인근 지역에는 100만 도시에 단 한 곳도 없던 특급 호텔과 복합문화공간인 원마운트와 대형 수족관인 아쿠아리움 등이 대거 들어서면서 국내외 기업이 고양시에 큰 관심을 갖게 된 것입니다.

이 과정에서 킨텍스 지원 시설 부지가 한 필지를 제외하고는 모두 매각되어 고양시가 50만 이상 전국 대도시 중 최초의 실질 부채 제로 도시가 되었어요. 이후 시흥, 부천을 비롯한 경기도 9개 시가 채무 제로 열풍에 동참하기에 이르렀고요.

고양시의 평화통일경제특구에는 이미 확정된 100만 평의 통일 한국 실리콘밸리 프로젝트를 중심으로 신한류 문화복합도시와 평화통일특별시를 지향하는 각종 산업단지, 문화복합타운 등이 망라되

50만 이상 전국 대도시 중 최초로 부채 제로를 달성했습니다. "대한민국의 어느 한 지자체만이라도 알뜰하게 살림을 꾸려서 빚 없는 도시가 될 수는 없을까?" 하는 물음에서 시작된 도전이 결국 기적처럼 실현됐어요. 이후 전국의 크고 작은 도시들에서 부채 제로 열풍이 불었습니다.

어 있습니다.

특히 제2의 개성공단을 비롯하여 유엔 국제 평화도시를 추진하며 동북아 공동 발전의 허브로 발전할 계획이에요. 사실 이런 거대한 프로젝트는 문재인정부가 추진해야 할 국가 프로젝트이지만, 저희 고양시가 지난 8년 동안 착실히 준비해왔기 때문에 자치분권시대 협치를 통한 지역발전의 성공적 모델이 될 것으로 기대합니다.

_____ 그래서 문재인정부 출범 이후 사업의 진척이 있었습니까?

_____ 물론입니다. 무엇보다도 문재인 대통령께서 고양시를 경기 북부 발전의 허브로 만들겠다는 공약을 발표하셨고, 주무 부서인 국토교통부 장관에 고양 지역 출신인 김현미 의원을 임명하였다는 것만으로도 이 프로젝트에 대한 의지를 보여주는 것이라 생각합니다.

문재인 대통령 당선 이후에도 지속적으로 사업 관련 내용에 대해서 대통령은 물론이고 청와대와 정부 관련 부처, 국정기획위원회 그리고 국회 등에 수시로 전달하면서 지속적인 협치 시스템을 가동하고 있습니다. 이 프로젝트의 중요 부처라고 할 수 있는 경기도와도 긴밀히 협의하고 있습니다. 104만 고양시 차원을 넘어서 1,300만 경기도, 나아가 5,100만 대한민국과 7,500만 한반도를 위해 가장 필요한 최대 일자리 프로젝트를 누가 지원하고 협력하지 않겠습니까?

 | 도전에서 소명으로 |

실제로 문재인정부 국정기획자문위원회에서는 100대 국정과제 중 하나로 '한반도 신경제지도 구상 및 경제통일 구현'을 설정했어요. 그리고 그 핵심 세부과제로 남북접경지역 발전을 위한 통일경제특구를 지정해 남북협의를 통한 남북 접경지역 공동관리위원회를 설치, 서해 평화협력특별지대 추진을 위한 여건 조성 등을 제시했고요.

이에 그치지 않고 한반도 신경제지도 구상 실행을 위해 3대 벨트 구축을 통한 북방경제와의 연계를 추진하고 있는데, 그 주요 내용 중 하나가 DMZ를 생태·평화안보 관광지구로 개발하는 것이에요. 또 다른 하나는 수도권과 개성공단, 평양, 남포를 잇는 서해안 경협벨트 건설인데요. 문재인정부의 신경제지도 구상의 대부분은 앞서 설명드린 통일한국의 실리콘밸리 프로젝트와 평화통일경제특구법 제정과 밀접히 연결되어 있어요. 공동운명체라고 봐야지요.

이뿐만 아니라 고양시의 통일한국 실리콘밸리 프로젝트와 평화통일경제특구 추진은 문재인 대통령께서 김대중 대통령의 6·15 선언과 노무현 대통령의 10·4 남북정상선언을 발전적으로 계승한 '문재인 평화경제독트린'의 대표적인 한반도 평화경제 프로젝트가 될 것으로 확신해요. 문재인정부의 한반도 신경제지도 구상의 대부분이 여기에 모두 들어가 있다고 해도 과언이 아닙니다.

:: 새롭게 제안하는 아시안 하이웨이

그동안 북으로는 개성과 평양을 거쳐 중국으로, 남으로는 서울 강남과 대전, 세종, 광주, 목포, 부산을 잇는 철의 실크로드 프로젝트의 필요성을 절실하게 주장해오셨어요. 통일한국 실리콘밸리와 연계한 구체적인 복안이 있나요?

‘아시안 하이웨이 프로젝트’라는 구상이에요. GTX의 출발역사인 킨텍스에서 은평, 서대문구를 거쳐 서울 강남까지의 구간을 고속 지하차도로 개발해 하이웨이의 기능을 복원하는 것이에요. 통일한국 실리콘밸리에서 시작된 아시안 하이웨이를 통해 경기 북부의 물류중심도시 기능을 대폭 강화시키는 것이지요.

먼저 고양시의 경우는 삼송과 원흥 신도시는 물론이고 문재인정부의 도시 재생 뉴딜사업의 일환으로 추진되는 원당과 화전 지역의 교통난이 크게 해소될 것이라고 전망하고 있어요.

북으로는 서울·문산 고속도로와 연결해서 통일도로의 역할을 담당하게 하고, 남으로는 경부고속도로를 시발점으로 포항·울산·동해·고성 등 동해안 고속도로와 잇는 것이고요. 호남고속도로와도 연결망을 구축해 문재인정부의 고속 광역교통망 체계가 완비되는 것이지요.

남북관계가 개선될 경우 개성·평양·신의주를 거쳐 중국의 일대일로 프로젝트와 연결된다면 명실상부 아시아의 '하이웨이'가 되는 거예요. 북측에서도 대북 SOC 지원분야에 특별한 관심을 가지고 있는 만큼, 추후 아시안 하이웨이 프로젝트와 통일한국의 실리콘밸리 프로젝트는 의미 있는 남북교류 협력사업이 될 것입니다. 또 교통문제뿐만 아니라 사업노선 건설에 따른 생산 및 임금유발효과도 천문학적이기 때문에 엄청난 양의 일자리 창출과 고용 유발효과가 기대되고요.

_____ 상당히 거대한 프로젝트여서 문재인정부 차원의 적극적인 추진 의지가 선행되어야 할 것 같은데요.

_____ 당연히 그래야 하겠지요. 제가 주장하는 내용과 일치하는 것은 아니지만, 이미 2004년부터 유엔 아시아 태평양 경제사회위원회(UN ESCAP)가 아시아 국가 간 교류협력을 확대하기 위해 추진 중인 프로젝트가 있어요. 아시아 32개국을 그물망처럼 연결하는 14만 킬로미터의 도로망이지요. 한국에서 중국, 인도를 지나 터키까지 가는 21세기 실크로드라 일컬어지기도 해요.

한국은 경부고속도로와 동해안 7번국도를 이용하게 되며 새로 도로를 건설하지 않아도 됩니다. 2004년에 55개 노선에 14만 킬로미터에 달하는 아시안 하이웨이망과 관련해 정부 간 협정이 체결되었고요. 2006년에는 경부고속도로에 표지판까지 등장한 바 있습니다. 그 후 2012년에는 문재인 대통령께서 이를 대선공약으로 제시하셨고, 2017년 12월에는 북방경제협력위가 출범하여 아시안 하이웨이와 중장기적으로 연계될 수 있는 일대일로에 대한 논의를 한 것으로 알고 있습니다.

하지만 기존의 아시안 하이웨이가 상정하고 있던 경부선 노선은 상습 정체구간으로 하이웨이 기능을 이미 상실해가고 있기 때문에, 주된 연결축을 보다 다양화시키고 복합적으로 구성해야 한다는 것입니다. 이와 관련한 보다 구체적인 비전이나 계획은 현재 용역이 추진 중이기 때문에 추후 발표할 예정입니다.

| 도전에서 소명으로 |

같지만 다른 길,
정치 그리고 행정

:: 정치인 최성

____ 청와대에서 나와 17대 고양시 지역구 국회의원이 되셨습니다. 그때의 이야기가 궁금합니다.

____ 고양시에 막 출마했을 때 제 지지도가 거의 '제로'였을 겁니다. 제가 참여한 열린우리당이 창당을 준비했을 때였어요. 당시만 해도 고양시에는 아무런 연고가 없었거든요. 아니, 연고라는 말이 무색할 정도로 아는 사람 한 명 없는 곳이었지요. 한국 정치사에서 이렇듯 완벽히 무연고 지역에서 스스로 정치를 시작하고 도전한 사례는

거의 없을 겁니다. 물론 제가 그때 고향 광주에서 출마했다면 훨씬 유리했겠지요.

그런데 그것만은 싫었어요. 만약 그렇게 당선이 된다 해도 저의 능력으로 얻어내는 것이 아니라 김대중 대통령의 후광과 출신지역이라는 것을 등에 업고 되는 것이잖아요. 그건 도전이 아니죠. 어려운 상황이었지만 한 번도 제가 질 것이라고 생각하지는 않았어요. 저를 믿었고 또 정치 의식이 높은 시민들을 믿었지요.

______ 의원 시절 통일외교통상위원회에서 활약하셨습니다. 초선 의원이 임기 내내 이 위원회에 속해 있는 것은 이례적인 일이라 알고 있는데요. 이 시기 어떤 것에 주안점을 두고 의정 활동을 하셨습니까?

______ 사실 통일외교통상위원회는 각 정당의 대선 주자급 의원들이 포진한 곳이지요. 이 시기 북한에 스무 번 가까이 다녀왔어요. 평화통일에 대한 열정과 통일 문제 전문가로서 저의 소명도 키웠고, 북한식 사회주의가 갖고 있는 이면의 어두운 지점들을 많이 목격했습니다. 또 단순한 남북관계를 넘어 글로벌한 시각을 갖게 된 것도 이 시기의 일이었습니다.

더불어 끊임없는 혁신과 원칙 있는 대통합을 철칙으로 삼고 다

   | 도전에서 소명으로 |

17대 국회의원 시절 통일외교통상위원회에서만 4년을 일했습니다. 당시 유력 대권후보들과 북핵 위기 해소와 한반도의 평화정착을 위해 쉼 없이 열정을 바쳤습니다. 남북교류협력의원모임과 국회개혁 초선연대 대표로서 스포트라이트를 많이 받았으나 18대 선거를 앞두고 자만했어요. 그리고 뼈아픈 패배를 맛보았지요.

양한 활동을 했어요. 국회 남북교류협력의원모임 대표를 맡아 역사
상 최초로 개성공단 내에서 평화통일 대토론회를 개최하기도 했고
요. 국회개혁초선연대를 조직해 당시 초선이었던 심상정 국회의원
과 국회개혁을 위해 열정을 다했어요. 정쟁뿐인 당시 여의도 정치권
은 제겐 개혁의 최우선 대상이었어요.

초선이었음에도 이렇듯 주도적인 활동을 펼칠 수 있었던 까닭
은 제가 뛰어나서가 아니에요. 단지 누구도 부정할 수 없는 혁신의
의지 그리고 명확한 원칙의 토대 위에서 누구와도 함께할 수 있다는
통합의 정신이 있었기 때문이라고 믿고 있어요.

_____ 조금 불편한 질문일 수도 있습니다만 소위 '탄돌이'라 불리
지 않았습니까. 당시에는 노무현 대통령의 정치적 상황은 물론 민
주 개혁 진영이 분열하고 혼란을 맞이하던 시기였습니다. 어떠셨습
니까?

_____ 맞아요. 당시 초선 의원들을 일컬을 때 소위 '탄돌이'라 했지
요. 누구는 또 '108번뇌'라고도 하고요. 이러한 명명법이 많이 부담
스럽고 싫었습니다. 사실 제 정치 인생과 마음속에서 명료히 정리되
지 않는 대목이 있다면 바로 이 시기입니다. 스스로 논리를 세울 수
도 없고 쉽게 정리되지 않는 부분입니다.

    | 도전에서 소명으로 |

노무현 대통령에 대한 제 솔직한 감정도 그랬어요. 처음 노무현 대통령이 경선 돌풍을 일으키기 전에 저는 청와대 정무기획실에 있었어요. 그래서 누구보다 면밀하게 그 돌풍의 정체를 예측했습니다.

청와대를 나와 국내와 해외를 오가며 열심히 뛰었고요. 이후 대통령이 되신 후에 권위주의 타파와 혁신을 위해 애쓰시던 모습은 분명 놀라웠지만 한편으로는 개혁정책의 추진방식에 있어 우려스러운 마음이 들었던 것도 사실이었습니다.

그런데 당시 잘 이해가 되지 않은 것은 동료 의원들의 태도였습니다. 노무현 대통령의 후광으로 국회에 입성을 해놓고서 또 대통령 지지율이 떨어지니까 송두리째 그분을 부정하고 공격했잖아요. 일부 인사들이 보인 가벼움은 지켜보기 힘들었어요. 물론 당시 지역구에 가면 노무현 대통령에 대한 불만과 비난을 여당 의원이 대신 받아야 했지요.

하지만 정치인이, 아니, 사람이 지나치게 상황 논리에 편승하면 안 된다고 생각했어요. 이 역시 김대중 대통령에게 배운 것입니다. 영결식에서 김대중 대통령이 오열하시는 모습을 보면서도 처음엔 많이 놀랐어요. 제가 아는 김대중 대통령은 내면으로는 울어도 겉으로 눈물을 드러내는 분이 아니셨거든요. 국민들에게 약한 모습을 보여주면 안 된다고 생각하시던 분이었으니까요.

시간이 흐를수록 그리운 분이 있다면 바로 노무현 대통령입니다. 어떤 격식도 차리지 않고 제가 소장으로 있던 통일정보센터의 조찬간담회에서, 또 이후 대통령직 인수위 회의에 참석하셔서 진솔한 대화를 나누었던 모습이 지금도 아련해요. 가장 힘드셨을 때 지켜드리지 못한 것이 너무도 죄송합니다.

그런데 시장을 해보고 또 경선을 치러본 지금에서는 그 눈물이 충분히 이해가 돼요. 또 노무현 대통령에 대한 개인적 평가도 다시 내리게 되었고요. 대한민국에 뿌리 깊게 자리하고 있는 특권층과 정면으로 싸우셨구나, 외롭게 몸부림을 치셨구나 하는 생각, 그렇기에 지금은 더 죄송하고 미안한 마음이 들어요.

제가 최근 박사 과정 공부를 하면서 만나 뵌 교수님이 독특한 역사관을 가지고 계세요. 쉽게 이야기하면 이분은 구조결정론자입니다. 자본주의 체제 내에서는 어느 그 누구도 구조가 정한 제약을 벗어날 수 없다는 입장이지요. 그런데 저는 구조결정론에 동의하지 않아요. 그래서 수업 시간에 끊임없이 이의를 제기하고 반론의 예를 들었어요. 그러니까 그 교수님이 당황해하시기도 하고 또 대충 넘어가지 않는 정치인은 처음 보았다 하며 놀라시기도 하셨어요.

만약에 역사 발전에 있어 구조결정론을 받아들인다면 지도자의 역할은 거의 없어지겠지요. 대통령 경선에 나간 것도 또 노무현 대통령을 다시 생각하는 것도 이 같은 생각의 연장에서입니다. 노무현 대통령이든 김대중 대통령이든 혹은 문재인 대통령까지도 제가 볼 때는 의지적 낙관주의를 갖고 역사를 극복한 분들이라 생각해요. 물론 대통령이라는 자리에 오르기까지는 정치적 전략도 주효했겠지만 기본적으로 진정성이 있고, 인간미가 있고, 역사의식이 있고, 시대정신이 있고, 끊임없이 이상과 현실 사이에서 좌절하다 결국 의지적으로 극복한 것이지요. "위대한 지도자는 낙관 속에서 비관의 요소를 읽고, 비관 속에서 낙관의 요소를 읽는다." 가슴에 늘 담고 있는 글귀입니다.

:: 정치는 ○○다

대학에서 정치를 배우고, 가르치고, 또 현실 정치에서 다양한 경험을 한 뒤 본인이 정립한 정치의 정의는 무엇인가요?

정치는 기울어진 세계에서 다양한 주체들의 이해관계를 조정하는 것이라고 생각해요. 따라서 정치란 조화로운 배분을 통해 인간의 권위를 지키는 것이라 할까요. 정치를 하면 할수록 이 정의가 맞는 듯해요. 결코 이분법적으로 생각할 수 없고, 정답도 없고 무에서 유를 창조해야 하는 경우가 많으니까 예술에 가깝게 느껴질 때도 있어요. 마치 오케스트라의 화음처럼.

정치라는 것은 생물이라는 말도 있잖아요. 20년 가까이 정치를 해오시면서 본인이 견지해온 정치적 신념이 변할 때는 없었습니까?

물론 있습니다. 제가 만약에 고양시장을 안 하고 계속 중앙정치에만 몰두했더라면 "나는 외눈박이 정치를 했겠구나" 하는 생각을 많이 해요. 가장 먼저 저는 역사와 학문을 통해 시민과 민중을 만났다고 생각해요. 물론 책만 파고든 것은 아니었습니다. 1990년 초부터 역사적 현장들을 찾아다녔어요. 천안문사건이 있을 때에는 북경을 찾아갔고 그쯤 중국 연길에서 열린 조선학 학술대회에도 참석했고요. 특히 백두산이 있는 연길에서 북한 김일성대 교수와 주체철학 연구원들과 함께한 한반도 통일 대토론회는, 저로 하여금 평화통일을 위한 진보적 학술연구자로서의 소명을 가슴깊이 새길 수 있었던 역사적 순간이었습니다. 독일 통일 직후에는 동독으로 갔어요. 지금 생각하면 극우, 극좌 세력에 의해 납치되거나 테러로 인한 피해를 입지 않은 것이 참 다행이었구나 싶습니다. 민주주의혁명 직후의 체코, 루마니아도 직접 경험했고요. 이후 청와대와 국회에 있을 때에도 항상 역사의 현장에 함께했어요. 광장에서 저는 참정치를 배웠습니다.

그런데 이후 고양시장이 되면서 목격한 시민들의 현실은 그전까지 제가 경험했던 것과는 비교할 수 없는 것이었어요. 첨예한 의견이 오고 가는 집단 민원부터 사회면에 대서특필되는 처참한 사건까지, 이 모든 것들이 제 앞으로 들이닥쳤습니다. 대부분 법대로만 해서 될 일들이 아니었습니다.

예를 들면 정당한 법과 절차에 의해 강제집행이 이뤄진다고 해서 그 강제집행을 당하는 시민의 입장을 고려하지 않을 수는 없는 것이지요. 끊임없는 대화와 타협, 배려와 노력이 바탕이 된 정책으로 난제를 해결해나갈 때마다 정치와 행정이 어떻게 존재해야 하는가에 대해 다시금 깨달았습니다. 제가 속한 고양시 104만 명 시민의 안전과 행복에 직결되어 있는 부분이니까요.

이번 경선에 출마하면서 제가 여러 공약들을 제시했잖아요. 그런데 그것들 중에서 일단 공표해두고 보자 했던 것은 하나도 없어요. 이것들을 실제로 구현해야 한다는 생각이 기본적으로 체화되어 있으니까요. 국민 혹은 민중은 거창한 수사가 아니라 어제 길에서 만나고 오늘도 만나는 분들이지요. 정치와 행정은 마르크스의 이론이나 어떤 관념에서 시작되는 것이 아니라 그분들의 생생한 이야기를 귀담아 듣는 것으로부터 오는 것이고요.

아마 이러한 경험은 앞으로도 더 해야 할 것이라 생각합니다. 칠흑 같이 어두운 상황 속에서 살아가는 시민들은 아직 제가 미처 다 만나 뵙지 못했을 테니까요. 또 북한 땅의 주민들도 가까운 장래에 함께 살아가야 할 우리의 형제, 자매라 생각합니다.

_____ 그렇다면 여러 가지 신념과 철학 중에서도 가장 중요하게 생각하는, 그러니깐 타협할 수 없는 정치적 신념은 무엇인가요?

  | 도전에서 소명으로 |

진정성입니다. 양심, 성실, 겸손, 열정 이 모든 게 진정성으로 수렴될 수 있는 거잖아요. 저는 제 안에서 진정성이 사라지는 것을 늘 경계해요. 다른 정치지도자를 평가할 때나, 심지어 참모를 선택할 때에도 무엇보다 성실성과 진정성, 사소한 거짓말도 하지 않는 정직성을 가장 중요하게 봐요. 굉장히 기억에 오래 남은 칼럼 속 구절이 있어요. "내가 믿는 신은 초월적 존재일 뿐만 아니라 역사이고, 또 다른 내 이면의 양심이다"라는 내용이었지요.

정치에 대한 제 신념이 이와 비슷합니다. 저는 자주 스스로에게 묻습니다. 오래전부터 관심을 가져온 일본군 성노예 피해자 문제도 그렇습니다. 늘 자신에게 "나중에 정치적으로 이용하려고 지금 노력하는 거 아니야?" 같은 물음을 끊임없이 던졌어요.

제가 생존 피해자 중 한 분인 이옥선 어르신을 양어머님으로 모셨거든요. 매번 뵐 때마다 저를 참 따뜻하게 맞아주시는 분입니다. 한번은 중국에 살고 있다는 이옥선 어머님의 양아들을 만나 뵙고 왔어요. 만나서 펑펑 우는 것이 전부였지만. 중국에서 돌아오는 길에 "아, 내가 정치적으로 이용하려고 하는 것은 아니었구나" 하는 생각이 스스로 들더라고요.

또 제가 하이브리드 소형차를 타고 시정을 보고 있거든요. 처음 일부 주변에서 "쇼 아니냐?"라는 말도 종종 들었습니다. 물론 저도 "야, 최성, 너 지금 진정성이 있는 거야? 혹시 보여주기 위한 것 아니야?" 하는 자문을 했었지요. 그런데 벌써 8년째 같은 차를 타고 다녀요. 이동 시간 내내 몸은 불편하지만 마음은 편합니다. 앞으로도 스스로에게 정직한 질문을 던지는 일로 저의 진정성을 지켜나가려 합니다.

    최성이라는 사람의 좌우명, 무엇입니까?

    어려서부터 아버지께 가르침을 받았던 것이 있습니다. 평생을 교육자로 존경받으셨던 아버지께서는 늘 저에게 '가화만사성'과 '수신제가 치국평천하'의 중요성을 일깨워주셨습니다. 돌아가실 때까지도 강조하셨던 그 가르침을 받아 형제간 우애나 가족 화목에 대해서만큼은 자부할 만합니다. 특히 저와 저희 친형님은 형제가 최초로 청와대 국장으로 함께 근무한 적도 있고요.

한 가지 더 있습니다. 청소년 시절부터 아버지께서는 "자신에게는 엄격하고 타인에게는 관대하라"는 가르침을 주셨어요. 지금까지 변함없이 제가 좌우명으로 삼고 있는 말씀입니다. 우리 사회에 "내가 하면 로맨스고, 남이 하면 불륜"이라는 소위 '내로남불'이 너무도 횡행하고 있지 않습니까? 노무현 대통령께서도 특별히 강조하신 것처럼, 정치인으로서 자신에게 엄격하고 타인에게 관대하다는 것이 가장 힘든 일이면서도 가장 중요한 일이겠지요.

:: 모든 행정은 현장에서 시작된다

_____　　고양시는 새로운 복지 모델을 만들어온 것으로 알고 있습니다. 한정된 예산으로 복지정책을 수립하면서 어떤 노하우 같은 것들이 생기셨을 텐데 구체적으로 어떤 것들이 있을까요?

_____　　복지정책에 있어서는 늘 반성적으로 접근합니다. 잘된 것도 많지만 여전히 부족한 점이 더 많습니다. 우리의 복지정책은 출발부터 깊은 골이 있습니다. 주로 복지는 특정 계층을 대표하는 단체의 요구를 반영하게 됩니다. 그런데 간혹 이러한 사회운동적 성격의 단체와 실제 복지가 필요한 개인 간에 어떤 괴리가 생기기도 합니다. 혹은 이러한 단체마저 구성하지 못하는 취약 계층도 존재하고요. 이 같은 것들을 두루 살피는 혜안이 필요합니다.

그렇지 못할 경우 복지 사각지대가 발생하는 것이지요. 우리나라의 특수성을 생각하지 않고 그저 서구의 예를 보고 따라하는 것도 문제이고요. 어떤 정책을 실질적인 도움이 되게끔 만들기 위해서는 그 정책을 필요로 하는 계층을 전수조사하고 그분들의 이야기를 많이 드는 수밖에 없다고 생각해요. 번거롭고 시간이 조금 오래 걸린다고 하더라도요. 그런 다음 그들을 대표하는 단체와 이야기를 또 해봐야겠지요. 단체는 이미 어떤 정책이 필요할지 오래 고민해왔을 테니까요. 이렇게 두 경로로 의견을 들으면 정책 입안자들이 보다 좋은 정책을 만드는 데 도움이 되겠지요.

그다음 또 중요한 일은 다양한 모습으로 존재하는 사회적 약자의 빅데이터를 만드는 것입니다. 우리나라에서는 그간 목소리가 큰 단체, 지원을 오래 받아왔던 단체나 계층이 지속적으로 정책의 혜택을 보는 경우가 많습니다. 이렇다 보니 힘이 없어 자기 목소리를 내기 어려운 분들이 소외되는 일이 생기지요. 복지의 사각지대는 곧 범죄의 사각지대가 되기도 하니 문제가 심각합니다. 사건이 터지고 난 후에 일을 수습하는 데에는 한계가 있어요. 그 수습의 방법 자체가 근본적인 해결책이 되지 못하는 경우도 허다하고요.

제가 청각장애인 누나를 두고 가장 슬퍼하는 사실 하나는 누나가 삶에서 기울이는 노력에 비해 얻는 결과물이 너무 적다는 것입니다. 장애가 없었다면 그렇지 않았을 테지요. 누나와 함께 살던 시기에 이혼과 재혼, 비정규직 허드렛일을 하는 과정을 가까이에서 지켜보며 복지의 사각지대를 온몸으로 느낄 수 있었어요. 복지는 일차적이고 즉자적인 지원은 물론 이러한 총체적인 사회 시스템의 차별과

불균형을 없애나가야 합니다.

_____   우리나라의 특수성에 못지않게 지역적 특수성도 엄연히 존
재하지요. 정책 수립에 있어 이런 특수성은 어떻게 고려되는 것일
까요?

_____   개인적 경험이지만 제가 18대 국회의원 선거에 떨어지고 백
수 생활을 할 때가 있었어요. 그때 아내가 작은 점포에서 냉면집을 하
나 차렸습니다. 제법 손님이 생기고 가게 운영이 안정적으로 접어들
때쯤 인근에 대기업 자본의 다른 냉면집이 들어섰어요. 아내와 저는
곧 냉면집을 정리해야 했습니다. 대기업 중심의 사회, 과도하게 높은
자영업 비율, 내수시장의 불경기 등의 사회 문제들을 직접 느낄 수 있
었어요.

이후 고양시장이 된 후에 제가 고민한 것은 지자체장으로서 할
수 있는 일이 무엇일까 하는 것이었습니다. 당연히 중소기업과 영세
상공인에 대한 지원을 늘려야지요. 하지만 아무리 재정적 지원을 늘
린다 하더라도 그 도시가 갖고 있는 특성을 살리지 않는다면 의미가
없는 것입니다. 아무도 찾지 않는 지역에서 공장 부지를 마련하고 상
업 시설을 허가한다고 해서 누가 들어옵니까?

농촌과 도심과 지역 특성에 맞는 규제와 또 지원책이 달라야 하는

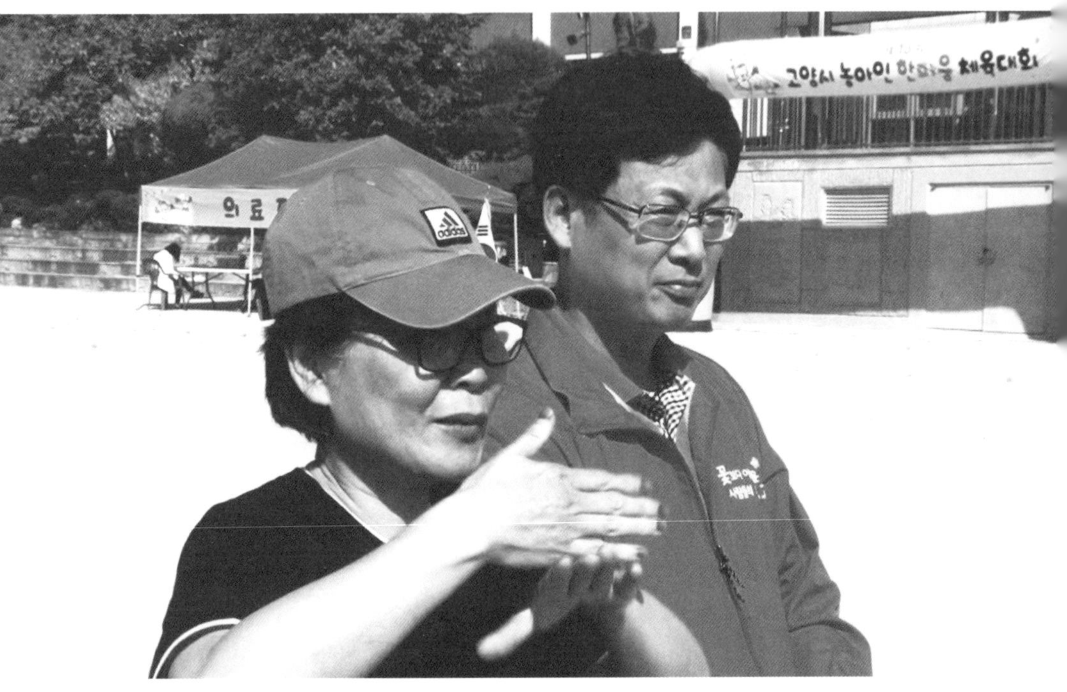

청각장애인인 제 작은누나는 가진 것이 없어도 본인보다 동생과 가족, 주변 사람들을 위해 기도하는 삶을 살아요. 누나 때문에 어릴 적부터 사회적 약자를 이해할 수 있게 되었습니다. 누나로 인해 생겨난 눈물샘이 세상으로 확장되어온 셈이에요.

데 현재는 제도의 한계 때문에 이것들이 그리 섬세하게 고려되지 못합니다.

줄곧 이야기한 연방제 수준의 자치분권과도 연결되는 이야기입니다. 중앙정부는 지방정부의 재정 건전성을 도모해주고, 지방정부에서 그 지역 특성에 맞는 특성화된 산업발전 전략을 수립하고, 누구보다도 지역 특성을 잘 알고 있는 지자체장이 지역에 있는 경제인들과 시민들과 협치 구조를 만들어내는 것입니다. 그렇게 도시의 특화사업을 개발하고 관광과 자영업이 연계되고 또 도시 재생이 이루어지는 것이지요. 자영업이 사는 길, 지역이 사는 길, 국가가 사는 길은 다르지 않습니다.

5

새로운
도전을
앞두고

행보 (行步)

:: 제2의 고향, 고양

김선식　재선 고양시장 이후 본인의 행보는 어떻게 정하셨나요?

최 성　제가 청와대에서 4년을 일했고, 국회의원 4년을 했습니다. 일하는 동안 최선을 다하려고 늘 노력했어요. 그런데 시장직을 맡아보니 이 8년이라는 시간으로는 미처 상상하지 못한 영역이 또 펼쳐졌습니다. 시의 조직, 시민들의 참여, 시장 자신이 가진 시정의 신념과 비전 같은 것들이 정말로 중요하다는 걸 시간이 흐를수록 느낍니다.

지금 고양시에 가장 중요한 건 통일한국 실리콘밸리라는 매머드급 프로젝트예요. 이건 고양시의 비약적인 발전을 이룰 핵심 사업이고 경기도, 나아가 중앙정부와 맞물려 있기도 하거든요. 제가 지난 민주당 대통령 선거 경선 과정에서 이 사업이 궁극적으로 남북의 평화를 정착시키는 데 큰 역할을 할 것이라고, 또 고양시가 실질적인 평화통일특별시의 위상을 갖게 된다는 것을 강조했어요. 이에 다른 후보들의 동의를 얻어내기도 했고요.

앞으로 저의 행보에 대해서는 다양한 의견과 여론을 경청하고 있습니다. 다만 어떤 자리에서든 이 프로젝트를 성공적으로 이끄는 데 도움이 되는 길로 가겠다는 결심만은 확고합니다.

경선 참여 이후 많은 분들이 물어보시는데요. 심지어 조금 성격이 급하신 분들은 다음 대선에 또 도전하는지도 궁금해하시고요. 제가 『울보 시장』이라는 에세이집에 쓴 적도 있지만, 보통 시장, 국회의원, 도지사, 대통령 등 일반적인 시각에서의 권력의 사다리를 오르는 일은 항상 거부해왔어요.

_____ 정치인들의 일반적인 코스(?)를 거부해오셨다는 말씀이군요.

_____ 17대 국회의원을 한 뒤 오히려 고양시장, 기초단체장에 도

전한 것도 전통적인 정치 행보를 따르지 않았던 것이고요. 재선 고양 시장으로 일하다가 지난 민주당 대선 경선에 출마한 것도 마찬가지 이유라고 볼 수 있어요.

정치적 선택은 시기마다의 시대정신과 민심을 수용해서 내리는 것이 기본이 되어야 하고, 당장의 정치적 승리보다는 긴 안목으로 역사적인 승리를 더욱 중요하게 여겨야 한다고 봅니다. 당장의 정치적 승리도 충분히 고려하긴 해야 하지요.(웃음) 그랬기에 저의 정치 인생도 지난 민주당 경선 패배를 포함해 총 8승 2패의 전적(?)을 갖고 있는 것이고요.

_____ 그렇다면 향후 행보와 진로 선택에 있어 가장 중요한 것은 무엇이라고 생각하시나요?

_____ 먼저 문재인정부의 주요 정책이 성공적으로 추진될 수 있도록 적극적으로 돕는 일이에요. 그중 핵심적인 정책으로 적폐청산, 한반도 평화정착 그리고 '연방제 수준의 자치분권 개헌'을 꼽을 수 있겠네요.

특히 이 과정에서 2018년 지방선거의 최대 당면 현안이라고 할 수 있는 '연방제 수준의 자치분권 개헌'을 성공적으로 추진하는 데 가장 의미 있는 공간은 어디인지, 또 그동안 제가 야심차게 추진해온 '통일한국의 실리콘밸리'와 같은 문재인정부 최대의 일자리 프로젝트를 성공적으로 추진하기 위해서 제가 어떤 자리에서 최대의 역할을 할 수 있는지에 대해 다양한 분들의 의견을 경청하고 있어요.

_____ 단순 지지율이나 인기만으로 정치적 행보를 결정하지 않겠다는 것인가요?

_____ 그렇지요. 분명히 말씀드리지만 여느 정치인들처럼 권력에 집착하고, 당장의 지지율에 연연하는 것은 소탐대실일 뿐이에요. 그런 선택을 하지는 않을 겁니다.

_____ 자신에게 고양시란 어떤 의미인가요?

_____ 국회의원 재선을 포기하고 고양시장의 길을 선택하면서 '하향 지원'이라는 세간의 시선을 받았지만, 오히려 저는 고양시장직을 통해 더 큰 뜻을 품게 되었어요. 열정도 그만큼 더 뜨거웠고요.

대한민국의 정치현실에서는 국회의원은 대정부 비판기능 외에 국가발전에 기여할 수 있는 가시적 성과를 내기 어렵다는 사실도 알게 되었어요. 그래서 제가 진로를 결정하는 데 있어서 가장 중요했던

것은 구체적으로 성과를 낼 수 있느냐 하는 것이었어요. 그래서 청와
대 행정관과 국회의원 시절에도 단순히 국정기획, 정부 견제에 머무
르지 않고 끊임없이 성과를 내려고 노력했고요.

그러다 보니 행정을 집행하는 총괄 책임자로서 '최성'만의 작품
을 만들 수 있는 공간을 찾게 된 거지요. 그게 바로 고양시였습니다.

_____ 큰 정치는 정치인 개인의 욕망을 해소하는 것보다 현실적
성과를 내는 것이라고 생각하시는 것이겠지요?

_____ 맞아요. 고양시장이 돼서 100만 대도시에 혁신을 일으켜야
하겠다고 결심하니 가슴이 뛰었어요. 그런 의미에서 고양시는 제게
제2의 고향이에요. 고양, 고향. 이름도 비슷하지요?(웃음)

그렇게 고양시장에 당선된 지 8년이 다 되어가요. 어떻게 변했
는지에 대한 대답은 앞서 충분히 드렸고요. 고양시장 8년이란, 제게
는 단순한 최성 개인의 정치적 득실로 설명될 수 없어요. 그보다 더
큰 가치, 말하자면 문재인정부 출범과 함께 핵심적 시대정신으로 꼽
히는 '연방제 수준의 자치분권 시대'의 대표적인 자치도시로 성장했
다는 점이에요.

_____ 고양시와 함께 본격적인 자치분권 시대를 견인하는 것이 가

장 큰 목표라고 할 수 있겠네요.

     그렇지요. 104만 시민과 함께 대한민국 최초의 '시민자치혁명'을 완수하는 일이 그 어떤 목표보다 의미가 있지 않을까요? 동시에 문재인정부 최대의 일자리 창출 프로젝트라고 할 수 있는 통일한국의 실리콘밸리 프로젝트를 완수하고요. 이뿐만 아니라 현재 야심차게 추진해 오고 있는 850만 평의 평화통일경제특구를 성공적으로 추진해서 평화통일특별시의 위상을 다지고 싶어요. 고양시를 위한 일이기도 하지만 경기도는 물론 대한민국의 일자리와 평화정착에 결정적 기여를 하게 될 거라고 믿어요. 이런 점들 때문에 향후 정치적 진로를 결정하는 데 고민을 거듭하고 있습니다.

:: 경기도와 함께 가는 길

     자신에게 경기도는 어떤 의미를 가집니까?

     경기도는 인구 1,300만 대도시로 서울시보다 인구 규모는 물론 경제 규모에 있어서도 대한민국 최대의 광역자치구역이지요. 수치상으로도 그렇지만, 고양시를 비롯해 파주, 김포 등 남북 접경지

"아빠, 시민들은 좋겠어! 일만 하는 시장이어서. 그런데 우린 뭐야? 우리도 시민이잖아. 우리한테 소홀
하면 인터넷에 다 띄운다?"라는 말을 자주 들어요. 그럴 때면 미안하면서도 기분이 참 좋습니다. 자식
들 눈에도 제가 시민을 위한 시장으로 보인다고 생각하니까요.

역을 품고 있기 때문에 남북 화해 협력 시대를 여는 데 있어서도 아주 중심적인 지역이에요.

20여 년이 넘는 시간 동안 학자로서, 정치인이자 행정가로서 대한민국의 외교 안보 그리고 한반도 평화정착을 위해 고심해왔기 때문에 경기도라는 지역은 제게 남다른 의미가 있지요. 그중에서도 고양시는 물론이고요.

_____ 평화통일특별시 고양처럼, 평화통일특별자치도(?) 차원의 의미가 있다고 보면 되겠네요. 그렇게 되면 최근 일부에서 제기되는 경기북도, 경기남도, 즉 경기도 분도에 대한 필요성에 대해서도 할 말씀이 많으실 것 같아요.

_____ 경기 북부는 남북 접경지역으로서 중요한 의미가 있지만, 동시에 군사보호구역, 그린벨트, 수도권 규제 등으로 인한 2중, 3중의 제약을 받고 있어요. 그렇기 때문에 경기북도로 분도해서 경기 북부 차원의 별도 발전전략을 수립해야 한다는 의견들이 나오고 있는 것인데요.

그러나 제 기본적 입장은 경기도를 분도하느냐 마느냐에 대한 것보다는 대한민국의 향후 국가 발전 전략을 '연방제 수준의 자치분권 개헌'으로 세우고, 기초지방정부의 권한을 혁신적으로 늘려야 한

   | 도전에서 소명으로 |

다는 것입니다. 이 과정에서 현재까지 다소 애매한 위치에 있는 광역지방정부 혹은 경기도 분도 문제를 어떻게 접근할 것인가에 대한 행정구역 개편 논의를 종합적으로 함께 하면 되고요.

_____ 일부에서는 광역지방정부 체제를 폐지하고, 기초지방정부 중심의 행정구역 개편에 대한 입장도 있지요.

_____ 경기도를 비롯한 광역지방정부가 갖는 중요성은 크지만, 연방제 수준의 자치분권 개헌으로 나가는 데는 어떤 면에서 제약 또는 장애가 되는 상황이기도 하지요. 그렇기에 앞으로 본격적으로 점화될 자치분권 개헌 방향과 관련된 논의에서 이 문제도 함께 심도 있게 다뤄야 할 것이라고 봅니다.

_____ 1,300만 경기도의 비전과 정책에 대해 구체적으로 고민해보신 적이 있으신지요?

_____ 경기 북부 지역은 앞서 말씀드린 것처럼 남북접경지역이면서도 수도권에 인접해 있다는 이유로 과도한 규제를 받아 국가발전에 큰 원동력이 되지 못했습니다. 그래서 지역 주민들의 불만도 폭발 직전이고요. 이제는 고양 · 파주 · 연천을 중심으로 평화통일경제특

구와 세계 생태평화공원 등 평화통일특별도로서의 위상을 대폭 강화해나가야 해요.

경기 남부 지역은 4차 산업혁명을 선도하는 혁신 클러스터로 조성해서 수원·성남의 테크노밸리와 안산 사이언스밸리, 광명·시흥의 R&D 클러스터 등 지역특성에 기반한 혁신 클러스터 발전에 주력해야 하고요.

경기도와 서울을 연결하는 광역 대중교통정책을 획기적으로 실시해서 GTX(수도권 광역급행철도), KTX, SRT(수서발 KTX) 등 고속철도와의 연계방안을 수립해 실질적인 교통난을 해소해야 합니다. 이 과정에서 아시안 하이웨이 프로젝트도 국가적으로 서울을 포함한 전국의 광역교통망과 연계하여 적극 추진할 필요가 있겠지요.

또 문재인정부가 야심차게 추진하는 '연방제 수준의 자치분권'에 걸맞게 경기도 내 31개 시군에 맞는 지역별 특화산업발전전략을 수립해야 해요. 개별 지역 차원의 지역경제 활성화와 일자리 창출을 중심으로 경기도의 발전이 이루어지도록 광역지방정부 차원에서 기초정부를 적극 지원해야 할 것이고요. 말씀드린 네 가지 정책 방향은 문재인정부의 경기도 정책방향과도 상당 부분 일치하는 부분입니다.

:: 다시 꺼내는 질문

_____ 그렇다면 단도직입적으로 다시 묻겠습니다. 다음 대선에는 또 나오실 건가요? 또 나온다면 승리할 자신은 있나요?

_____ (웃음) 문재인정부 출범 1년도 되지 않은 상황에서 차기 대선을 꿈꾸고, 집착하고 정치적인 행보를 한다는 것은 이치에 맞지 않는 일이라 생각합니다.

지금 우리에게 절박한 것은 이명박 · 박근혜 정권의 적폐청산과 일촉즉발의 한반도 안보 위기 극복 그리고 시대정신이라 할 수 있는 연방제 수준의 자치분권 개헌을 성공적으로 완수하는 일이라 생각해요. 이 길이 문재인정부가 성공하는 길이자 대한민국이 비약할 수 있는 길이니까요. 이러한 시대정신을 실천하는 과정에서 저의 새로운 도전과 역사적 소명을 찾을 것입니다.

세 달 정도의 짧은 경선 동안 그리고 한 달 남짓한 민주당 경선 TV토론 과정에서 저는 과분한 사랑과 격려를 받았습니다. 또 문재인 후보라는 유능한 우리당의 선배 지도자가 경선에서 이기고, 최종 본선에서도 압승을 거두었지만, 저 역시 다른 경선 후보 혹은 본선 후보 못지않게 저의 잠재적 역량을 보여주었다고 생각합니다.

저는 고3 수험생이던 1983년부터 오늘에 이르기까지 35년 동안 하루도 쉬지 않고 항상 주어진 환경에서 최선을 다해왔습니다. 매일을 수험생처럼, 외무고시 시험 전날처럼, 선거 전날처럼 새로 설정한 목표들을 바라보며 달려왔어요. 무한한 도전과 응전을 멈추지 않는 것, 이 치열함과 성실성이 저의 특별한 장점라고 생각해요.

지금은 고양시장으로서 최선의 역할을 다한 이후 2018년 지방선거에서 제게 주어진 소명에 따라 최선의 진로를 결심하겠습니다. 그 후 내공을 더욱 쌓아서 아름다운 패배가 아닌 아름다운 승리를 위한 새로운 도전여부를 판단하겠습니다.

_____ 국민은 어떠한 기준으로 정치인과 행정가의 자질을 평가해야 된다고 생각하십니까?

_____ 이명박·박근혜 정권을 거치며 우리는 "저 사람이 저토록 위선적이며 타락했는지 몰랐다"라거나 "어떻게 저리 무능할 수가 있느냐"라는 말을 습관처럼 입에 담아왔어요. 그 이유는 단 하나입니다. 고위 공직자 선출 과정에서 청렴성과 도덕성이 전혀 고려되지 않았기 때문입니다. 참으로 안타깝습니다. 일제강점기부터 대한민국의 역사가 승자와 권력자의 것으로 기록되고 흘러오다 보니 왜곡된 정치문화가 나타난 것이 아닌가, 하는 반성을 해요. 정치권의 책임인 것이지요.

잘못된 정치생태계에 대한 책임은 정치권에 있으나, 정치를 발전시키는 것은 정치권이 아닌 국민입니다. 그만큼 과거, 현재, 미래의 정치인들에 대한 국민의 평가는 중요하고, 그 평가가 올바른 선택을 만드는 것이니까요. 지난 촛불시민혁명에서 우리 모두 온몸으로 느끼지 않았습니까?

다가오는 모든 선거의 화두는 시대정신과 민심이 되어야 합니다. 또 이를 받들어 국민을 대신할 정치인, 행정가의 청렴성과 도덕성, 문제해결능력을 비롯한 전문성을 종합적으로 판단해야 합니다. 후보자의 당락을 결정하는 것이 인지도나 지지도가 되어서는 안 되고, 그 이면에 있는 면모를 직시하려는 노력을 해나가야 해요. 그럴 때 우리 정치가 발전하게 되고, 선진사회가 펼쳐지게 될 것이라고 저는 믿고 있습니다.

_____ 최성 시장님의 새로운 도전과 소명을 향한 행보를 응원하겠습니다. 마지막으로 104만 고양시민과 최성 시장님을 응원하는 국민들께 전하고 싶은 말씀이 있다면 해주시기 바랍니다.

_____ 김대중 대통령께서는 늘 저에게 "무엇이 되느냐보다 어떻게 사느냐가 더 중요하다. 항상 행동하는 양심으로 실천하라. 그러면 반드시 자기만의 행복이 찾아들고 궁극적으로는 성공한 삶을 살 수 있

으며, 최종 승자가 된다"라는 가르침을 주셨습니다.

노무현 대통령께서는 비공개 유고 메모를 통해 "권력은 시민에게 있다. 교란될 뿐이다. 교란되는 이유는 시민이 여론을 주도하는 것이 아니라 여론에 따라 흔들리기 때문이다. 이 혼란스러운 상황을 정리하고 올바른 길을 찾을 수 있는 시민의 지혜와 용기가 필요하다"라고 말씀하셨습니다.

저는 앞으로도 민주당 경선 과정에서 외쳤던 것처럼 '노무현 대통령께서 말씀하신 깨어 있는 시민의 위대한 힘'을 믿고 의지하면서, '김대중 대통령께서 말씀하신 행동하는 양심'을 실천해나가겠습니다. 그럴 때 저의 새로운 도전이 역사적 소명과 공명하며 더 큰 꿈들이 자연히 이루어지리라 믿습니다.

그때까지 당장의 인기나 지지율에 연연하지 않겠습니다. 권력의 스포트라이트에 유혹되지 않고 정도를 걷겠습니다. 마지막 승리자는 국민이라는 굳은 믿음을 지키며 자치분권의 시대, 한반도 평화 정착의 시대를 활짝 열기 위해 저의 모든 열정을 바치겠습니다.

영상으로 보는
최성 시장의
'도전과 소명'

고양시장이자 19대 민주당 경선 후보였던 최성 시장의 경선 도전기부터 문재인정부 평가와 제언, 대한민국의 비전 그리고 앞으로의 소명을 담은 영상

:: 민주당 대선 경선

경선 토론에서 최초 제안한 연방제 수준의 자치분권 개헌

경선 토론 중 최성 시장은 '연방제 수준의 자치분권 개헌'을 최초로 제안했다. 이에 문재인 후보는 적극 동의하며, 2018년 지방선거 때까지 반드시 관철시키겠다는 의지를 보였다.

김대중 · 노무현 정신의 계승을 주창한 광주 연설

최성 시장은 "유일한 호남출신의 후보로서 광주정신, DJ정신을 계승해 반드시 개혁적인 정치세력으로 정권 교체를 이룩하자"며 고향 광주의 심장을 두드렸다.

아름다운 패배를 인정한 경선 마지막 연설

최성 시장은 수도권 · 강원 · 제주 선출대회 마지막 연설에서 "김대중 · 노무현 정신으로 정권 교체를 이루겠다. 그 선봉에 최성이 서겠다"라며 유권자들의 눈시울을 붉게 만들었다.

일본군 성노예 피해자 할머니에게 노벨평화상을!

최성 시장은 경선 5차 토론에서 일본군 성노예 피해자 할머니에게 노벨평화상 추진을 제안했고, 문재인 후보는 동의하였다.

최성 고양시장의 양어머니, 일본군 성노예 피해자
이옥선 어머니의 가족이야기

최성 시장은 경선이 끝나자마자, 연길을 찾아 갑작스레 돌아가신 이옥선 할머니의 아들의 장례절차에 참여하고, 할머니를 위로했다.

우리는 'ONE TEAM', 경선후보 4인의 호프미팅

최성 시장은 경선 후보들과 가진 호프타임에서 촛불민심의 계승과 승리를 염원하며, 문재인 후보에게 김대중 대통령의 『배움』(최성 지음, 김대중 잠언록)과 정책제언집을 전달했다.

문재인 후보 당선 이후 광화문에서 4인 경선 후보의 축하 연설

최성 시장은 "문재인 후보의 당선을 위대한 국민과 함께 축하한다", "청렴한 문재인 대통령과 함께 모든 열정을 바치겠다"며 함께 모인 시민들과 연호를 이어갔다. 이 영상은 안희정 후보의 기습뽀뽀로 크게 화제가 되었다.

:: 문재인정부 출범 이후

'지자체장 사찰 의혹' 이명박 대통령과 원세훈 전 국정원장 고소

민주당 적폐청산위원회가 공개한 이명박정권의 '야권 지자체장 사찰 및 제압에 관한 문건'과 관련, 최성 고양시장이 2017년 10월 12일 이명박 전 대통령과 원세훈 전 국정원장을 고소하여 여론의 주목을 받았다.

"쥐는 고양고양이가 확실히 잡을고양~"

2017년 10월 28일 여의도 국회의사당역에서 진행된 촛불 1주년 기념-여의도 촛불파티에서 고양이 분장을 한 최성 시장이 시민 자격으로 자유발언대에 올라 눈길을 끌었다.

최성의 '특종뉴스룸'에서 공개한 청와대 만찬 후기

최성 시장은 자신의 페이스북에서 진행하는 '특종뉴스룸'에서 문재인 대통령과의 화기애애하고 진솔했던 청와대 만찬 후기를 소개하고, 문재인정부에 대한 기대와 제언을 제시했다.

팟캐스트 '굿초이스', MB 블랙리스트, 명예의 전당에 오른 최성 고양시장

최성 시장은 최성X최일구의 '굿초이스' 팟캐스트에서 지자체장 이명박 전 대통령과 원세훈 전 국정원장을 고소한 전말을 밝혔다.

시사타파TV, 한 · 미 정상회담 분석 "아주 잘됐다"

최성 시장은 인기 1인방송 '시사타파'에 출연해 한 · 미 정상회담을 통한 외교적 성과를 평가하고 앞으로의 방향을 예상했다.

:: 기타영상

국내 최초, 현직 시장이 가슴으로 쓴 영상일기

'울보 시장'이라는 별명을 가진 최성 시장이 자신의 개인적 삶의 굴곡과 함께 민심의 현장에서 만난 시민들의 삶을 담은 40분 분량의 다큐멘터리

울보시장, 최성 고양시장의 다큐멘터리 영상일기 예고편

'울보 시장'이라는 별명을 가진 최성 시장이 자신의 개인적 삶의 굴곡과 함께 민심의 현장에서 만난 시민들의 삶을 담은 3분 분량의 다큐멘터리

박근혜 대통령 즉각 퇴진 탄핵버스터

민주당 탄핵버스터에 참가한 최성 시장은 "국회가 박근혜 대통

령의 탄핵 절차 시 민심을 어길 경우 국민적 철퇴를 맞을 수 있다"는 경고와 함께 탄핵안 통과를 위해 적극 나서겠다는 의지를 피력했다.

12월 9일, 여의도 국회에서 모입시다!

최성 시장은 광화문 촛불집회에 일반 시민의 자격으로 올라 전국 자치단체장과 시민들의 국회 탄핵 동참을 호소했다.

김대중의 적자가 바라본 김대중

'행동하지 않는 양심은 악의 편'이라며 피맺힌 절규를 토하시던 김대중 전 대통령. 한반도의 평화를 위해 일생을 바치신 김대중 전 대통령의 생애를 돌아본다.

바보 노무현, 인간 노무현

'민주주의 최후의 보루는 깨어 있는 시민의 조직된 힘'이라 외쳤던 노무현 전 대통령. 원칙을 바로 세워 신뢰사회를 만들고자 했던 그는 여전히 우리들의 바보 노무현이다.

유튜브에서 '최성'을 검색한 후, 개인 계정으로 이동하시면 더 많은 영상을 보실 수 있습니다.

도전에서 소명으로

시대정신과 소명은 어떻게 만나는가

초판 1쇄 인쇄 2018년 1월 24일
초판 1쇄 발행 2018년 2월 3일

지은이 최성
펴낸이 김선식

경영총괄 김은영
기획편집 신종우 　**책임마케터** 기명리
콘텐츠개발6팀장 백상웅 　**콘텐츠개발6팀** 백상웅, 신종우, 최지인
마케팅본부 이주화, 정명찬, 최혜령, 이승민, 김은지, 배시영, 유미정, 기명리
전략기획팀 김상윤
저작권팀 최하나
경영관리팀 허대우, 권송이, 윤이경, 임해랑, 김재경, 한유현
외부 스태프 디자인 최재현

펴낸곳 다산북스 **출판등록** 2005년 12월 23일 제313-2005-00277호
주소 경기도 파주시 회동길 357 3층
전화 02-702-1724(기획편집) 02-6217-1726(마케팅) 02-704-1724(경영관리)
팩스 02-703-2219 **이메일** dasanbooks@dasanbooks.com
홈페이지 www.dasanbooks.com | teen.dasanbooks.com
블로그 blog.naver.com/dasan_books
종이 · 인쇄 · 제본 ㈜갑우문화사

ISBN 979-11-306-1555-4 (13340)